朝日新書
Asahi Shinsho 777

渋沢栄一と勝海舟

幕末・明治がわかる！ 慶喜をめぐる二人の暗闘

安藤優一郎

朝日新聞出版

プロローグ　栄一・海舟・慶喜の三角関係

日本資本主義の父・渋沢栄一は多くの会社を創立したことで知られる明治の経済人だが、最後の将軍徳川慶喜《よしのぶ》に忠誠を尽くし続けた顔も持っていたことはほとんど知られていない。二人は厚い信頼関係に結ばれていたが、同じく幕臣だった勝海舟と慶喜そして栄一の関係は複雑であった。

栄一と海舟では慶喜に対するスタンスが正反対だった。明治維新後、海舟は戊辰戦争の際に朝敵に転落した慶喜に反省と自重を求め続ける。だが、慶喜に同情的な渋沢はそんな海舟の対応に強い不満の念を抱く。

海舟は栄一よりも二十歳近く年上だが、互いに自信家で剛毅な性格だったことが人間関係を難しくしていた。維新の動乱を最前線で乗り切り、徳川家の存続に成功した海舟の功績を高く評価した栄一であったが、実際会ってみると「小僧扱い」されてしまう（渋沢栄

明治・大正期の大実業家となった渋沢栄一
＝国立国会図書館ウェブサイト

一記念財団デジタル版『実験論語処世談』〈3〉）。そのプライドは大いに傷付けられた。

海舟の眼に栄一はどう映っていたのか、海舟は栄一のことをどう思っていたかは残念ながら分からない。一方、栄一が海舟をどう思っていたかについては、いくつかの手掛かりがある。その一つが小僧扱いされたという栄一の証言だ。栄一が海舟に良い感情を抱いていなかったことは明らかである。

栄一は後に維新の三傑（西郷隆盛・大久保利通《としみち》・木戸孝允《たかよし》）とも交流を持つが、三傑と比較して海舟を一段低く位置付けている。

三傑は一芸一能の人物に収まらない素質を備えているが、海舟は見識を持ち凡庸の器ではないものの一芸一能の人物にかなり近い。その道の専門家ではあるが、人を動かせる器

ではない。つまりは、リーダーとしての素質を備えていない。（『実験論語処世談』〈5〉）

そんな辛《から》い評価の背景には、小僧扱いされたことだけでなく、慶喜に対する海舟の姿勢への不満が大きく影を落としていた。

慶喜に対するスタンスが正反対だったことも、栄一が海舟に不満を持つ理由であった。

言い換えると、慶喜を通して栄一と海舟の意外な顔が浮き彫りになるが、三人の複雑な関係はどういう結末を迎えるのか。

本書では、慶喜をめぐる栄一と海舟の知られざる関係を通して、もう一つの維新・明治史に迫っていく。

第一章「栄一と慶喜の信頼関係のはじまり――農民から武士になる」では、尊王攘夷の過激な志士だった栄一が攘夷論を捨てる過程を追う。

慶喜により弟徳川昭武《あきたけ》の随行員とし

37歳の勝海舟。サンフランシスコで撮影＝©朝日新聞社

てフランス留学の機会を与えられた栄一だが、その時の見聞が後の実業家としての歩みに大いに生かされた。貴重な機会を与えてくれた慶喜への感謝はその後の生き様を大きく規定する。

第二章「そりが合わない海舟と慶喜――敗戦処理を命じられる」では、将軍徳川家茂《いえもち》に抜擢された海舟はその恩を終生抱き続けるが、対照的に慶喜との関係は良くなかった背景に迫る。

慶喜から長州再征の敗戦処理を命じられた海舟はその任務を果たすと、役目は終わったとばかりに冷や飯を食わされる。慶喜が朝敵に転落すると、今度はその後始末に駆り出され、命まで狙われる羽目となった。

第三章「栄一と海舟の出会い――静岡藩での奮闘」では、明治維新後に出会った栄一と海舟が、立藩したばかりの静岡藩で果たした役割に注目する。海舟は明治政府と静岡藩の間に立って自らが潤滑油になるよう努めたが、栄一はその財政再建に理財の才を発揮した。しかし、二人の不幸な関係はこの静岡藩時代にはじまった。

第四章「幕臣が支えた近代国家――明治政府に出仕する二人」では、栄一と海舟が当初固辞していた政府への出仕を受け入れた理由を明らかにする。

廃藩置県前に出仕した栄一は、近代化政策の先兵として資本主義が民間に根付くための環境整備を目指したが、海舟は廃藩置県後、徳川家を代表する形で政府入りした。徳川家が政府に二心は抱いていないことを身をもって示したのである。

第五章「海舟への不満が募る栄一――謹慎生活はいつまで続くのか」では、慶喜に対する海舟の姿勢に反発を禁じ得なかった栄一の心中に焦点を当てる。政府は徳川一門に爵位を与えて華族とした。だが、慶喜は爵位も与えられず、静岡で謹慎生活を続けた。その境遇に同情を禁じ得ない栄一は、慶喜を再び世に出そうと奔走するが、その前に立ちふさがったのが海舟だった。

第六章「名誉回復への道のり――生命をかけて徳川家を守る」では、どのような経緯を経て栄一と海舟がそれぞれ慶喜の名誉回復に乗り出したかを明らかにする。

海舟は皇居で明治天皇と慶喜の対面を実現させた後、この世を去る。その後は、はからずも栄一が海舟の遺志を受け継ぐ形で慶喜の復権を実現していった。

以下、栄一と海舟と慶喜の「三角関係」を通して明治維新の裏側に光を当てる。

渋沢栄一と勝海舟　幕末・明治がわかる！　慶喜をめぐる二人の暗闘

目次

※引用文には一部、振り仮名を
追加しました。

第一章

栄一と慶喜の信頼関係のはじまり

――農民から武士になる

（1）尊王攘夷の志士として世に出る

「士魂商才」の片りん

老中水野忠邦が天保改革を開始した前年にあたる天保十一年（一八四〇）二月十三日、渋沢栄一は武蔵国榛沢《はんざわ》郡血洗島《ちあらいじま》村（現埼玉県深谷市）の豪農・渋沢市郎右衛門の長男として生まれた。父市郎右衛門は農業のかたわら、藍玉《あいだま》の製造販売で財をなした人物である。後に栄一が一橋家、静岡藩、明治政府そして実業界で理財の才を発揮したのも、そんな父の商才を受け継いでいたからだろう。

領主・岡部藩主安部家から血洗島村の名主見習つまり村役人に任命された市郎右衛門は、村のリーダーの一人であった。安部家からは武士としての待遇を意味する苗字帯刀も許されるが、武士身分に上昇することはなかった。その点、栄一は父が果たせなかった夢を果たすことになる。

栄一はどんな少年だったのか（以下、『渋沢栄一伝記資料』第一巻に拠《よ》る）。

はた目には読書三昧《ざんまい》の少年時代を送っていたが、父と同じく剣術にも関心があり、神道《しんとう》無念流《むねんりゅう》を学んでいる。江戸時代も後期になると、江戸近郊の農村部では剣術を習う農民が増えていく。当時は農村部の治安が悪化しており、自衛のためもあって修得したのだが、それだけ武士になりたい農民がいたということでもある。栄一もその一人だった。

渋沢家の家業となっていた藍玉販売では、早くも商才を発揮しはじめる。藍玉販売では原料の藍葉をいかに確保するかが肝だった。栄一は藍葉の買い付けに工夫を凝らす。良質の藍葉を栽培した農民を招いて御馳走するなど、売り手側の栽培農家の競争心をあおり、良質の藍を入手しやすくした。これなどは商才の一つに他ならない。

後年、栄一は「士魂商才」を提唱する。人が生きていく上で武士的精神つまり士魂が必要なのは言うまでもないが、それだけでは生活できない。商才がなければ自滅を招く。士魂も商才も必要という論理だが、それは少年期に培われた座右の銘なのであった。

そんな少年期を送っていた栄一に、ある日人生の転機となる出来事が起きる。

少年時代の栄一を語る際、よく引き合いに出されるエピソードだが、血洗島村の領主・武蔵国岡部藩主安部家から御用金《ごようきん》の上納を命じられる。栄一十七歳の時というから、時は幕末に入っていた。

幕府はペリー来航を受け、嘉永七年（一八五四）三月に開国を余儀なくされる。さらに、自由貿易の開始を意味する通商条約の締結もアメリカから強く迫られていた頃の出来事だった。

倒幕を志す

領主の安部家は幕府の役職に就く資格を持つ譜代大名だが、石高は二万石ほどに過ぎない。小大名ゆえ城は持っておらず、武蔵国榛沢郡岡部に陣屋を置いて所領支配にあたった。陣屋から岡部藩領の各村に対し、御用の向きがあるとして呼び出しがかかる。各村では村役人が出頭したが、市郎右衛門には自分が出向けない事情があり、栄一が代理として出向いた。御用の向きとは、御用金の上納だった。

この時代、大名や旗本などの領主は領内の富裕な農民や商人に対し、様々な名目を付けて御用金の上納を命じることが少なくなかった。姫様が嫁入り、若殿様が江戸城にはじめて登城する、先祖の法会《ほうえ》を執行するなどの理由を掲げ、領民にその費用を捻出させた。どの領主も総じて財政難であり、臨時出費を賄う余裕などなく、急場しのぎとして富裕な領民に負担させるのが常であった。

出金額は、借り手の領主側から指定するのが通例である。御用金は献金とは違い、返済されるのが決まりだが、実際のところは償還されず、献金と変わらないものになっていた。

出頭してきた村役人たちの前に姿を現した安部家の代官は、御用金の上納を請け合うよう強く命じる。血洗島村に割り当てられた額は千五百両だったが、実際に負担を命じられたのは村内の富家である。村一番の富家で同族の渋沢宗助家は千両、その次の市郎右衛門家は五百両と割り当てられた。

呼び出された領内の村役人たちは代官の意に従って御用金の調達を請け合う。内心、大いに不満であったものの、「泣く子と地頭には勝てない」と甘受するのだが、栄一は請け合わない。自分は御用の向きを聞いておくよう父から命じられて出頭してきた。御用の旨は承ったので、帰宅して父に申し伝え、その指示を受けた上で、改めて出頭すると返答したのだが、これが代官には気に入らなかった。この場ですぐさま請け合えと迫ってきた。

だが、いくら御領主様といっても借り手である。自分は領民といっても貸し手だ。貸したものを取り返すように上納を命じるのは納得できない。借り手が貸し手に居丈高となり、五百両もの大金の上納を命じるのは理不尽としか思えなかった。

この一件は、市郎右衛門の指示を受けて翌日陣屋に再び出頭し、五百両の上納を請け合うことで決着をみるが、栄一は湧き上がってくる憤懣《ふんまん》を抑え切れなかった。自分は武士ではないから、こんな理不尽な態度を取られても甘受しなければならないのだ。煩悶の末、農民を辞めて武士になりたいと思うようになる。

それも単に武士になりたいというのではない。代表著作の『論語と算盤』でもいみじくも語ったように、国政に参与したいという政治家への願望があった。栄一は実業家としてのイメージが強いが、若い頃は政治家を志していた。その志が攘夷という政治運動に身を投じる原動力となる。

実業家とは、江戸時代で言うと農民（百姓）や町人身分だった。農民身分でも渋沢家のように藍の商売で財をなす豪農もいた。だが、才能があっても、経済力があっても、武士からは農民・町人身分ということで蔑《さげす》まれた。

だから、何としても武士身分に上昇したかったわけだが、怒りの矛先はやがて士農工商という身分制度自体に向けられる。能力ではなく身分が重んじられる、そんな硬直的な社会を変革したい。

その怒りが士農工商の後ろ盾となっていた幕府本体に向けられるのは時間の問題だった。

そもそも、士農工商の身分制度を取る幕府の政治が良くないのだ。国内で騒動つまり争乱を起こすことで、弊政《へいせい》をもたらした幕府を倒さなければならない。

　国内は戦国の世のように混乱するだろうが、そこから英雄が登場すれば天下は収まり、弊政も改まるはずだ。身分や家柄ではなく能力が重んじられる社会。町人であるから、農民であるからといって侮蔑されることはない社会が生まれるに違いない。

　そうした血気盛んな栄一の心に火を付けたのが緊迫の度を増しつつあった幕末の政治・社会情勢だった。みずから騒動を起こし、進んで魁《さきがけ》をなすことで倒幕への道筋を付けようとするのである。

水戸学に感化され、「草莽の志士」に変身する

最終的に維新回天の主役となるのは薩摩藩と長州藩だが、維新への流れを作るという歴史的役割を果たしたのは、皮肉にも幕府を支える立場であるはずの徳川御三家の水戸藩だった。水戸藩が掲げる政治思想つまり水戸学は、維新の原動力たる尊王論や攘夷論の最大の発信源となっていた。

　水戸学とは、内憂外患という日本の危機にいかに対応すべきかを説いた政治思想・学問のことである。天皇の伝統的な権威を背景に日本の独立を目指すもので、本来は幕府の存

在を否定するような思想ではなかった。

だが、開国を契機に幕府の権威つまり武威が低下したことで、外圧に対抗できなかった幕府を糾弾する流れとなり、対照的に天皇への期待が高まっていく。既に水戸学では尊王論と攘夷論が結びついた尊王攘夷の思想が登場していたが、開国後、「幕府頼みにならず」の空気が社会に広まると、尊王攘夷論が日本の危機を救う思想として急速に支持を広げる。

要するに、御三家として幕府を支える立場でありながら、水戸藩は水戸学を通じて幕府の政治姿勢を糾弾する顔を持つようになる。幕府に不満を持つ者たちは水戸学に傾倒し、水戸藩の一挙手一投足に期待するが、幕府からは猜疑《さいぎ》の目でみられざるを得ない。水戸藩をターゲットとした安政の大獄の背景にもなる。

そんな水戸学の影響を受けていたのが栄一であり、従兄弟の尾高惇忠《あつただ》、長七郎兄弟、同じく従兄の渋沢喜作であった。十歳年上の惇忠は隣村の下手計《しもてばか》村で名主を務める豪農尾高家の跡取りで、栄一の学問の師だった。弟の長七郎は二歳年上。喜作は同じく血洗島村の豪農の息子であり、いずれも水戸学をバックボーンに尊王攘夷の志士に変身していく。

大老井伊直弼《なおすけ》が勅許を得ずに調印した通商条約により自由貿易が開始されると、生糸など国内の産物が大量に国外へ流出して物価の高騰が引き起こされる。庶民生活は圧迫され、各地で騒動が頻発した。そんな社会情勢を深刻に受け止めたのが、渋沢家や尾高家のような村役人を勤める地域のリーダーたちだった。

彼らは政治に参画できた幕臣や藩士ではないが、武士に勝るとも劣らず、文武に優れた者が少なくなかった。現状への痛烈な危機感から、幕府や藩つまり武士だけに任せてはいられないと社会変革を志すようになる。拠り所にしたのが水戸学を最大の発信源とする尊王攘夷論だったが、その際に自分たちを「草莽《そうもう》」と称した。

草莽とは官に仕えず在野にいる人を指す言葉だが、草莽の志士として水戸学をバックボーンに尊王攘夷を実践しようとしたのが栄一たちだった。尊王攘夷を通じて、社会ひいては国の危機を救おうと考えたのである。

具体的には、欧米列強に開国・通商を許した幕府を強く批判し、かつての鎖国の状態に戻させて通商条約を破棄させる。そのためには攘夷実行も辞さない。幕府がそれを実行しようとしないのならば、倒さなければならない。倒幕である。

横浜居留地を襲撃しよう!

文久元年（一八六一）春、栄一は江戸に出て儒学者海保《かいぼ》漁村《ぎょそん》の塾に入る。剣豪千葉周作

（北辰一刀流）の息子栄次郎（あるいは道三郎とも）の道場にも通って剣術修業に励むが、学問や剣術を学ぶのは二の次であった。志士たちと広く交際し、有為の士を集めることが江戸出府の目的だった。

尊王攘夷の志を果たすための同憂の士を集めようと目論《もくろ》む栄一たちのもとに、折しも幕府要人の襲撃計画の話が飛び込んでくる。井伊横死の後、幕閣の中心となった老中安藤信正を亡き者にしようという計画だ。安藤は井伊の遺志を継ぎ、将軍徳川家茂の御台所《みだいどころ》（正室）に孝明天皇の妹和宮《かずのみや》を迎えようとしていた。幕府権威の失墜とは対照的に急上昇していた天皇の権威と結びつくことで、幕府の復権を目指すためである。

これに反発する尊王攘夷の志士たちは、文久二年（一八六二）一月十五日に江戸城坂下門で安藤の登城行列に斬り込み、安藤を負傷させる。世に言う「坂下門外の変」だが、「桜田門外の変」（井伊）に続いて幕閣のトップが襲撃を受けたことは幕府に強い衝撃を与える。幕府権威はさらに傷付いた。

結局のところ、栄一たちは安藤襲撃計画への参加は見合わせるが、その後、はるかに過激な考えを思いつく。横浜の外国人居留地を焼き討ちにし、片っ端から斬り殺してしまおうという無謀極まりない計画だった。この頃になると、外国人に対する敵意から殺傷事件も頻発していた。そんな尊王攘夷の嵐が吹き荒れる時代の波に呑みこまれる形で、栄一たちの血気盛んな心に火が付いてしまったのである。

一方、江戸に代わって政局の舞台となった京都では、過激な志士による天誅と称した殺傷事件が頻発していた。対象は破約攘夷に反対する者だった。幕府権威の失墜を受け、朝廷内では破約攘夷論を唱える公家たちが台頭し、有力外様大名の長州藩は破約攘夷を強く主張することで天皇や尊攘派公家の信任を得る。朝廷の意向を錦の御旗に、攘夷の実行を幕府に強く迫った。

窮した幕府は、翌三年（一八六三）五月十日を攘夷の期日にすると朝廷に約束する。欧米列強との戦争を恐れる幕府としては、ポーズを示しただけだったが、その日、長州藩は本当に攘夷を実行してしまう。下関海峡を通航する外国船に砲撃を加えたため、対外戦争が一気に現実のものとなっていく。

国内の尊王攘夷運動が頂点に達し、対外戦争の危機も目前に迫りつつあった文久三年の春、栄一は再び江戸に出府していた。今回の江戸出府は学問や剣術の修業に励むためではなく、横浜居留地焼き討ち計画の準備のためだった。

栄一、そして尾高惇忠や渋沢喜作の三人が密議してまとめた横浜居留地焼き討ち計画とは次のとおりである。

まず、高崎城を奪取して兵備を整える。血洗島村の近くにある城と言えば高崎城であった。城には刀や槍だけでなく、鉄砲や弓などの飛道具が大量に収蔵されていることに目を付けたのだ。鉄砲や弓はなかなか入手できない事情もあった。

その後、開港場となったばかりの横浜まで押し寄せ、外国商人たちが住む居留地を焼き打ちにし、外国人を手当たり次第に斬り殺してしまう。机上の空論で無謀としか言えない企てだが、たとえ失敗に終わっても、自分の死が騒動ひいては倒幕のきっかけになれば本望だった。腐敗している今の幕府では攘夷など到底実行できない以上、幕府が命脈を保てなくなる騒動を起こすしかない。幕府が倒れた後、英雄が登場して天下は収まり、弊政も改まるはずと本気で考えていた。

栄一らは刀や槍などを集める一方で、江戸では同志も集めている。海保塾や千葉道場に出入りすることで知己となった強者たちだが、慷慨組《こうがいぐみ》と称した同志の数はわずか六十九人に過ぎなかった。この程度の人数で高崎城を奪取し、ひいては倒幕を実現するというのは、正常な判断力を失っていたと言わざるを得ない。しかし、栄一は襲撃実行に向けてひたすら突っ走る。

そして、挙兵の日を十一月十二日と定めた。当日は旧暦で冬至にあたり、「一陽来復」の吉日であった。

挙兵を急遽中止する

この時、関東で挙兵を計画したのは栄一たちだけではない。血洗島村からさほど遠くない上野《こうずけ》国赤城山での挙兵も計画されていた。儒学者の桃井儀八《もものいぎはち》(号は可堂)が首謀者だったが、その背後には京都で孝明天皇の攘夷親征計画を進める長州藩がいた。

この年の八月十三日、天皇の詔《みことのり》が下る。攘夷祈願のため大和に行幸し、神武天皇陵や春日大社などを参拝。その後、現地で攘夷親征の軍議を開いて伊勢神宮に行幸するという内容だったが、それだけではなかった。実は天皇みずから兵を率いて攘夷のため親征し、これに尊王攘夷の志士たちが馳せ参じ、その勢いで幕府を滅ぼしてしまおうという目論みが秘められていた。

この攘夷親征計画に連動する形で、幕府の本拠地である関東でも尊攘派志士たちを挙兵させようとしたのだ。東西呼応して、討幕の狼煙《のろし》を挙げようとはかる。

関東では、天朝《てんちょう》組や慷慨組と同時挙兵を計画していた真忠《しんちゅう》組というグループもあった。

太平洋沿岸の上総《かずさ》国九十九里浜で挙兵する計画だった。

しかし、その直後に京都の情勢が急変する。天皇の攘夷親征計画が中止となったのだ。

実は、この計画は天皇が望んだものではなかった。長州藩をバックとする尊攘派公家の代表格三条実美《さねとみ》たちが立案した計画だったが、諸藩の間では幕府の否定を意味する天皇の攘夷親征には反対論が強かった。名前のとおり、攘夷の実行を職掌とする征夷大将軍に対する不信任の表明に他ならないからである。

長州藩が攘夷の名のもと外国船に砲撃を加えたことにも、諸藩は危機感を抱く。このまま放置すると欧米列強との戦争が現実味を帯びかねない。

こうして、長州藩や三条たち過激な尊攘派公家から政局の主導権を奪い返そうとする動きが諸藩の間で急速に沸き上がる。そうした空気を読み、長州藩が政局の主導権を握ったことを苦々しく思っていた有力外様大名の薩摩藩が、幕府から京都守護職に任命された会津藩と連携して巻き返しをはかる。会津藩も長州藩の突出した政治行動に他藩が批判的であることを読み取っており、薩摩藩とともに長州藩の排除に乗り出す。

薩摩・会津藩の目的は、朝廷を牛耳る三条たち過激な尊攘派公家を失脚させることだった。御所への参内の停止、朝廷からの追放である。後ろ盾となっている長州藩から御所警備の任務を解くことも両藩の目的だった。その任を解いて長州藩も京都から追放する。まさに政変である。

三条たちや後ろ盾の長州藩に引きずり回される朝廷の現状に危機感を持っていた天皇も政変の決行を認める。八月十八日午前一時、会津藩や薩摩藩などの兵を御所の各門の警備に付かせた上で、天皇の意思として三条たちの参内差し止めが達せられる。長州藩の堺町御門警備の任を解くことも決まった。同藩は京都から退去するよう命じられる。

長州藩は激しく反発するが、不意を突かれる形で御所から締め出され、薩摩藩や会津藩に天皇を奪われてしまった。政治的敗北は認めざるを得ず、翌十九日に三条たち七人の公卿を擁して帰国の途につく。

天皇の攘夷親征計画に連動する形で、上方では草莽の志士たちによる挙兵計画が進行していた。八月十三日に大和で挙兵した天誅組はその魁だが、直後の政変で長州藩や尊攘派公家が京都から追放されたため、孤立無援となる。その後、幕府の命を受けて出兵した諸藩の前に潰滅した（天誅組の変）。十月十二日に但馬《たじま》国生野でも草莽の志士が挙兵するが、同じく壊滅する（生野の変）。

そして、十月二十五日（もしくは二十六日）に栄一たちの挙兵計画に加わっていた尾高長七郎が上方から戻ってくるが、長七郎がもたらした上方の情勢に一同は驚愕する。京都で政変が起きて、尊攘派公家や志士の後ろ盾となっていた長州藩が追放されただけでなく、天誅組など大和や但馬での草莽の志士による挙兵が失敗に終わったからだ。

八月十八日の政変から挙兵失敗までの経過を上方で目の当たりにしてきた長七郎は、挙兵中止を説く。激論の末、栄一は長七郎の言葉に従って挙兵中止に賛同するが、桃井可堂たちの天朝組の挙兵も同じく中止に追い込まれた。

関東で挙兵したのは真忠組だけだったが、天誅組などと同じ運命をたどる。真忠組は元治元年（一八六四）一月十七日、幕府が差し向けた追討軍により潰滅する。この時栄一は長州藩が追放された京都にいた。

（2）一橋家家臣に取り立てられる

一橋徳川家との奇縁

京都の政情の急変を受けて栄一たちは挙兵を中止したが、一時の気持ちの高揚が収まると現実に引き戻され、幕府の影に怯《おび》えはじめる。露見すれば極刑は免れない。幕府に計画が露見する前に血洗島村を去らなければならない。

栄一と喜作は伊勢神宮参詣かたがた京都見物に行くという触れ込みで、血洗島村を離れることを決める。ほとぼりが冷めるのを待とうとしたが、惇忠は下手計村の名主として家を継いだ身であり、そういうわけにはいかなかった。三人とも姿を消すと逆に怪しまれる恐れもあった。そこで、上方から戻ったばかりの長七郎とともに下手計村にとどまる。

十一月八日、栄一は喜作とともに血洗島村を出立する。まず向かったのは水戸だった。水戸学の強い影響を受けていた尊攘派志士の栄一や喜作であるから、水戸藩に知り合いが多かったことは想像するにたやすい。故郷を出て草莽の志士として奔走する道を選んだ以上、情報収集も兼ねて旧交を温めたのだろう。

その後、江戸に出た栄一と喜作は将軍後見職・一橋慶喜の側近で用人を勤める平岡円四郎の屋敷を訪ねる。かつて江戸にいた時、一橋徳川家の家臣と知り合いになっていたのだ。一橋家は八代将軍徳川吉宗が創設した徳川御三卿の一つで将軍継嗣を出す資格のある徳川一門の家だが、時の当主は御三家の水戸家から養子に入った慶喜である。

御三卿の家臣団は御三家とは違い、幕府から出向してきた幕臣や幕臣の次男・三男から主に構成されていた。家老や用人などの上級役職に至っては出向の幕臣で占められ、用人の平岡も出向組だった。

平時ならばともかく、一橋家は当主の慶喜が将軍後見職として幕府首脳部の一角を占め、政治的立場が上昇していた。その手足となる有能な家臣の確保は急務であり、用人として一橋家を切り盛りする平岡は有為な人材の発掘、スカウトに熱心だった。栄一と喜作を高く評価していた平岡は一橋家への仕官を勧めたが、ちょうど倒幕を見据えた挙兵を計画していた最中であり、二人にとっては一橋家への仕官話など沙汰の限りであった。

さて、挙兵断念後に江戸へ出てきた二人だが、京都までの道中は不安だった。今のところ露見してはいないとはいえ、自分たちは挙兵を企てた不逞の浪士に他ならない。道中の安全をはかるため一橋家の名前を利用しようと考え、平岡の屋敷を訪ねたのである。

当時、平岡は慶喜とともに京都にいたが、実は挙兵断念前に平岡を訪ねた際、京都に向かう時は平岡の家来の名義を使いたいと申し出て、内諾を得ていた。その時、慶喜の御供で上京することが決まっていた平岡は二人に同行を求めている。その勢いで一橋家に仕官させてしまおうとしたのだろう。

二人はその好意を謝しつつも、今すぐには同行できないが、追って京都に向かいたい、その時は平岡の家来の名義で上京したいと申し出たのだ。挙兵前でもあり、急場しのぎの返答に過ぎなかったが、そのことを思い出した栄一は一橋家用人平岡円四郎家来の名義で東海道を京都に向かおうと考える。道中、幕府の嫌疑を受けることもなく、京都まで辿《たど》り着けるはずだ。

農民のまま道中を続けては不逞の浪士と疑われ、幕府役人から誰何《すいか》される恐れが多分にあった。しかし、一橋家用人家来の肩書があれば役人も不審に思わないだろう。

そこで平岡の留守宅を訪ね、その妻に家来の名義を貸してほしいと依頼したところ、平岡からも聞いているとの返事だった。運よく、平岡の家来として東海道を道中できる手続きは済んでいた。

十一月十四日、二人は京都に向けて江戸を出立する。

道中何事もなく、栄一と喜作が京都に入ったのは十一月二十五日のことだが、平岡のもとを訪ねてしばらくの間は京都の政治情勢を探った。尊攘派志士たちとの交流にも励む。

幕府から追っ手が――

そして、京都滞在から二カ月以上も経過した元治元年（一八六四）二月初旬、江戸から書状が届く。差出人は下手計村にいるはずの長七郎。驚くことに獄中からの書状であった。二人が血洗島村を去った後、長七郎は挙兵の同志と江戸へ向かう途中に殺傷事件を起こし、江戸の小伝馬町牢屋敷に投獄されていたのだ。長七郎が捕縛される前、栄一たちは次のような内容の書状を送っていたが、幕府の手に落ちてしまったという。

朝廷から実行を迫られていた破約攘夷をめぐって幕府は潰れるだろう。我々が国家のために尽力するのはこの時であり、長七郎も京都へ出てきた方が良いというのが書状の内容だった。

二人の身にも危険が迫っていることを知らせようと、長七郎は獄中から密かに書状を出してきたのである。

栄一と喜作は長七郎を救う手立てをいろいろ考えてみたが、こうなっては自分たちの身も危うい。長州藩を頼って落ちることも考えたが、一橋家用人の家臣を名乗っていることが知れれば幕府の回し者と疑われて斬首になるかもしれない。進退窮まった二人は懊悩《おうのう》しながら夜を明かす。やがて夜が明けるが、今度は平岡から急用ということで呼び出しがかかる。

二人がやって来ると、平岡はいつもと違って別室に通した。予想したとおり、幕府の手に落ちた長七郎宛書状の一件だった。二人が一橋家用人の家臣と称していたため、幕府から一橋家に問い合わせが入ったのである。

平岡に促された二人は、獄中の長七郎から書状が届いていることや、幕府の手に落ちた長七郎宛て書状の内容についても包み隠さず話した。幕府を早く倒さなければ日本は衰退するという持論に基づく内容であり、これが嫌疑を受けたのではと返答した。

二人の返答を聞き終わった平岡は、これからどうするつもりなのかと尋ねた。そして、進退窮まっていることを察し、節を屈して一橋家に仕官するよう改めて勧めてきた。

いたずらに国家のためと称して一命をなげうったところで、真に国家のためになるわけでもあるまい。有為の君主たる慶喜公に仕えるのならば、いささかでもその志が慰められるはずだ。尊攘派志士として倒幕運動に身を投じていた血気盛んな栄一と喜作に対し、冷静になって考えてみるよう根気よく諭《さと》したのだ。

宿に戻った二人はすぐ相談に入るが、喜作は一橋家に仕えることを躊躇《ちゅうちょ》していた。仲間の志士たちから変節漢と非難されることを懸念したわけだが、栄一は仕官の話を受けようと提案する。このまま何もしないでいては、幕府に捕えられる恐れがある。そもそも、一橋家から出てしまえば生活苦に陥り、盗賊に身を落としてしまうかもしれない。薩摩・長州藩に自分の身を託せるほどの知り合いがいるわけでもない。

ならば、節を曲げた変節漢と非難されても、ここは一橋家に仕えてみようと提案したのである。その家臣となれば、幕府に掛け合って長七郎を救い出せるかもしれない。

喜作も栄一の説得に折れ、二人は一橋家への仕官を決める。二人が一橋家の家臣に取り立てられたのは二月九日のことである。農民から武士になったが、平岡からの指示を受けて、栄一は渋沢篤太夫《とくだゆう》、喜作は渋沢成一郎に改名している。

慶喜に仕えた真意とは?

栄一と喜作改め成一郎が仕えることになった一橋慶喜のこれまでの人生を整理しておこう。

慶喜は天保八年(一八三七)生まれで、栄一よりも三歳年上である。父は水戸藩九代目藩主の徳川斉昭《なりあき》で、慶喜はその七男だった。斉昭の跡を継いで十代目藩主となるのは長男慶篤《よしあつ》だが、慶喜の聡明さを愛した斉昭は、慶篤に何かあった場合に備え、他家へは養子に出さず水戸家にとどめる。

しかし、同じく慶喜の聡明さを買っていた十二代将軍家慶《いえよし》の命により、弘化四年(一八四七）に一橋家を継ぐ。これにより、慶喜は将軍職を継ぐ資格を持つことになった。

その後、慶喜は幕政進出をはかる親藩大名や外様大名（一橋派）から十四代将軍として推されるが、幕政を担ってきた譜代大名たち（南紀派）が推す紀州藩主徳川慶福《よしとみ》との継嗣争いに敗れる。

安政五年（一八五八）十月に慶福改め家茂が十四代将軍となるが、将軍職をめぐって表面化した両派の戦いは終わらず、井伊大老による安政の大獄へと帰結する。慶喜自身は将軍職など望んでいなかったが、巻き添えをくう形で隠居・謹慎を命じられた。

井伊の横死後、慶喜は謹慎を解除されるが、政治的に復権できたのは文久二年（一八六二）のことである。朝廷の権威（勅使）を後ろ盾として幕府人事に介入してきた薩摩藩の後押しにより、同年七月六日に将軍後見職に就任し、幕府首脳の一人となった。その時、慶喜は一橋家を再相続し、ようやく隠居の身分から脱する。

栄一が血洗島村で挙兵を計画していた頃は、江戸から京都に移って政治力を発揮していた。西洋文明への関心が強かった慶喜は開国派であった。だが、あえて破約攘夷を主張することで天皇の信任を勝ち取ることに成功する。かつての長州藩と同じ政治手法である。

そして、元治元年（一八六四）三月二十五日に将軍後見職を辞職する。その後、朝廷から御所警備の最高責任者である禁裏御守衛総督《きんりごしゅえいそうとく》に任命された。慶喜が天皇から厚い信任を受けていた頃、栄一と成一郎は慶喜の家臣となったのである。

同年二月九日、二人は「小人使之者」として召し抱えられ、奥口番と御用談所調方下役出役を命じられた。奥口番とは一橋家屋敷内の奥への出入り口で番人を勤める役目だが、御用談所調方の下役に専念させるためとして、番人役はすぐに免ぜられる。

御用談所とは一橋家の外交・周旋・探索活動を管掌した部署である。京都では同家の家臣たちが様々な情報を収集することで慶喜の政治活動を支えたが、その中核となる部署だった。その調方頭取は栄一と成一郎を平岡に紹介した川村恵十郎《えじゅうろう》という人物であり、川村指示のもと探索活動に従事することが期待された。

栄一は家臣に取り立てられた際、人材登用の道を開いて天下の人物を採用し、その才に応じた任務を課すべきと慶喜に献言していた。六月下旬には平岡円四郎の承諾を得て実行に移している。有為の士を一橋家に仕官させるため、関東の一橋家領を回った。

文久三年(一八六三)十一月以降、慶喜は京都に常駐するようになる。だが、尊王攘夷の嵐が吹き荒れる京都では天誅などのテロも多発し、治安が極度に悪化していた。自前の家臣が少ない一橋家としては不安を感じざるを得ず、軍事力として期待できる農民や浪人の確保は焦眉の急だった。武術に秀でた者ならば申し分なかったが、たとえそうでなくても筋骨たくましく壮健な体を持つ血気盛んな者ならば対象とした。

栄一たちは有為の士の確保に奔走していた平岡に対し、関東に下向して剣術家や漢学書生で慷慨の志気に富む者、義のためには死を恐れない者を三十〜四十人ぐらいは連れて帰ると大見得を切る。大いに喜んだ平岡は関東に向かうよう指示し、栄一と成一郎に有為の士の人選に当たらせたのである。

二人には、かつての挙兵の同志（慷慨組）に声をかけて自分と同じく一橋家に仕官させようという目論見があった。同志でなくとも、海保塾や千葉道場での知り合いもいる。もちろん、地元の仲間たちにも声を掛けたい。今回の関東下向を利用して、挙兵の同志たちの再結集を狙ったのだ。一橋家に仕官させた上で、慶喜を軸にして攘夷を実行させる軍事力の一翼となす。この名目ならば、かつての同志たちも喜んで仕官するのではないか。

慶喜は尊王攘夷論の最大の発信源・水戸藩の出身であり、斉昭亡きあと、尊攘派志士たちの期待が集まるのは自然の勢いであった。破約攘夷を主張して天皇の信任を勝ち取ったことは、その流れに拍車を掛けたはずだ。

そもそも、栄一は一橋家に仕官したからといって、攘夷論を捨てたわけではなかった。

というよりも、慶喜は斉昭の遺志を継ぎ、幕府をして攘夷を実行させるべきと考えていた。栄一が攘夷論を捨てたと公言したのはずっと後で、慶喜の命でフランスに渡る時である。

一橋家の軍制改革と財政改革に挑む

栄一たちが関東の一橋家所領を回っていた頃、京都から悲報が飛び込んでくる。恩人の平岡円四郎が暗殺されたのである。元治元年六月十六日夜のことだった。

一橋家を切り回していた平岡は切れ者として知られ、慶喜の信頼も厚かった。この年の五月には一橋家家老並に昇格するが、水戸藩内の尊攘派からは敵視されていた。

慶喜は破約攘夷論をもって天皇の信任を得たが、内実は開国派であり攘夷を実行する意思はなかった。しかし、そうとは夢にも思わない尊攘派の藩士たちは、慶喜が破約攘夷を実行しないのは開国論を唱える平岡に籠絡《ろうらく》されたからと考え、暗殺したのである。恩人の平岡を失った栄一は落胆するが、京都ではそれ以上の大事件が起ころうとしていた。

その十日程前の六月五日夜、新選組による尊攘派志士たちへの殺傷事件が起きる。池田屋事件である。

文久三年八月の政変で京都から追放された長州藩は失地回復を目指し、藩士を多数京都に潜入させて復権工作を展開していた。藩主松平容保《かたもり》が京都守護職を勤める会津藩の配下として京都の治安維持にあたった新選組はこうした状況を危惧し、尊攘派志士たちの捕縛に踏み切ったのだ。

事件の報が入ると長州藩内は憤激し、藩兵が京都へ向かう。七月十九日には京都市中に乱入して天皇のいる御所へと迫ったが、禁裏御守衛総督を勤める慶喜の指揮のもと御所を警備する薩摩藩や会津藩などに敗れた（禁門の変）。

同二十三日、御所に向けて発砲した廉《かど》により長州藩追討の勅命が下る。長州藩は朝敵に転落し、諸藩から構成される征長軍が組織された。ここに二度にわたる長州征伐がはじまる。

一方、九月に京都へと戻った栄一は、慶応元年（一八六五）二月末に歩兵取立御用掛を命じられる。禁門の変などを経て自前の兵力が足りない現状を痛感した慶喜は、鉄砲組や大砲組を創設し、所領から農民を徴発して兵員に充てようと計画していた。農民を歩兵や砲兵として養成しようと図ったが、栄一も関西の一橋家領に行き農民の徴発に関わる。

しかし、八月十九日には一転、勘定組頭に任命される。御用談所に籍は置くものの、以後、財政面の専任となった。栄一が財政専任となったのは、一橋家も御多分に漏れず財政難に苦しんでいたからである。財政面の強化なくして、軍事力強化など到底実現し得ないのは言うまでもない。

勘定組頭に抜擢された栄一は、財政再建のため次の三つの施策を推進する。

年貢米販売先の変更、木綿専売制の施行、硝石製造所設立の三つだ。一橋家の財政再建策では、明治に入って実業家として名を馳せる片りんを見せていた。

(3) 幕臣となる

慶喜の将軍就任に反対したが……

栄一が一橋家の財政再建に奔走していた頃、幕府と長州藩の関係は風雲急を告げていた。二度にわたった長州征伐のうち、第一次長州征伐は征長軍参謀・西郷隆盛の奔走により、不戦のまま長州藩が帰順することで終わった。だが、幕府は一戦も交えず征長軍が撤兵してしまったことに大いに不満だった。

そのため、幕府は再び長州征伐に踏み切る。慶応元年四月十九日に長州再征(第二次長州征伐)と将軍進発を布告。五月十六日に家茂が江戸城を進発した。閏《うるう》五月二十五日には大坂城へ入り、長州征伐の本拠地と定める。栄一が関与した一橋家の軍事力増強の動きは、この長州再征の動向と連動するものであった。

しかし、一連の幕府の動きに強く反発する薩摩藩代表の西郷隆盛は幕府と距離を置く一方、長州藩との提携の道を探りはじめる。翌二年（一八六六）一月二十二日、土佐藩の坂本龍馬が仲介役となる格好で、薩摩藩代表の西郷と長州藩代表の桂小五郎が六カ条にわたる盟約を結んだ。いわゆる薩長同盟である。この盟約が追い風となり、六月七日に戦端が開かれた征長軍との戦いを長州藩は有利に進めていく。

慶喜は征長軍を指揮する立場にあったが、戦況が劣勢に陥ったことで苦境に立たされる。七月二十日には家茂が大坂城で死去する。戦局の不利を受け、九月二日に幕府と長州藩の間で休戦協定が結ばれる。この時、幕府代表として交渉にあたったのが次章で登場する勝海舟であった。

家茂の死後、将軍職はしばらく空位の状態が続く。家茂に跡継ぎはおらず、この難局に立ち向かえるのは慶喜しかいなかったが、慶喜は将軍職への就任を固辞する。天皇の厚い信任を受けて政治力を発揮していたことへの幕府内の反発を慮《おもんぱか》ったのだ。

一橋家内でも慶喜の将軍職就任に反対する動きがみられた。何を隠そう、栄一がその一

将軍・徳川慶喜＝©朝日新聞社

人であった。

　栄一に言わせれば、幕府が倒れることは目に見えている。家屋に例えれば土台や柱が腐り屋根も二階も朽ちた大きな家のようなもので、こんな状況で将軍職を継いでしまえば死地に陥る。慶喜が取れる最善の方法は徳川一門から幼君を迎えて将軍となし、みずからは補佐役の立場にとどまることと主張したが、栄一の願いは叶わず、慶喜は将軍の座に就く。

　慶喜の将軍就任が時間の問題になると、一橋家の家臣で幕臣に取り立てられる者もいた。栄一や成一郎もその一人だったが、慶喜の将軍就任に失望して前途を悲観する栄一は仕事が手に付かなかった。

　はた目からみると、幕臣という天下の御直参に取り立てられたわけであるから大栄達なのだが、二人にとっては全くそうではなかった。命運が尽きて一、二年のうちに倒れるであろう幕府の御直参となれば亡国の臣となる。栄達の道は断たれたに等しい。もはや大事は去ったとして、幕府を去って浪人になろうと覚悟を決める。だが、事態が急変する。

パリ万博を見よ――フランス行きの命が下る

慶喜の異母弟で徳川昭武《あきたけ》という人物がいる。栄一より十三歳年下だが、慶応三年（一八六七）にパリで開催予定の第二回万国博覧会に将軍慶喜の名代として派遣されることになっていた。パリ万博終了後は、そのままパリで五年間の留学予定だった。

昭武には出身の水戸藩から七名の藩士が御付きとして随行することになったが、彼らは攘夷論者たちで、昭武を渡仏させること自体に強い抵抗感を持っていた。幕府としては御付きの水戸藩士たちがフランスで問題を起こすのを危惧し、彼らをなだめる役回りの者が必要と考えた。

そこで白羽の矢が立ったのが栄一であり、慶喜じきじきの人選であった。慶応二年十一月二十九日に、栄一は渡仏を打診される。万博に派遣される使節団の一員を務めた後は、昭武留学中の事務官（庶務会計係）を務める話であった。

すでに述べたように、栄一は一橋家に仕官したからといって攘夷論を捨てたわけではな

後に渋沢らと渡仏した徳川昭武＝国立国会図書館ウェブサイト

かった。慶喜にしても栄一が攘夷論者であることはよくわかっていたが、それは過去の話と見抜いていた。今は攘夷ではいけないと考えているはずだ。元攘夷論者であるから、現攘夷論者の水戸藩士をなだめるのには適任であろう。栄一の将来のためにも、海外留学をさせようというのが慶喜の考えだった。

栄一は一橋家に仕官した後も、慶喜を動かして攘夷を実行させることに熱心だったが、農兵の養成を担当するようになってから、到底外国には叶《かな》わないことに気付きはじめていた。農民に鉄砲を持たせて調練させる過程で、兵器では欧米にとても太刀打ちできない現実を痛感したのである。兵制だけでなく、医学や船舶、機械では欧米に叶わないとして、優れているものは何でも摂取したい気持ちに変わっていた。

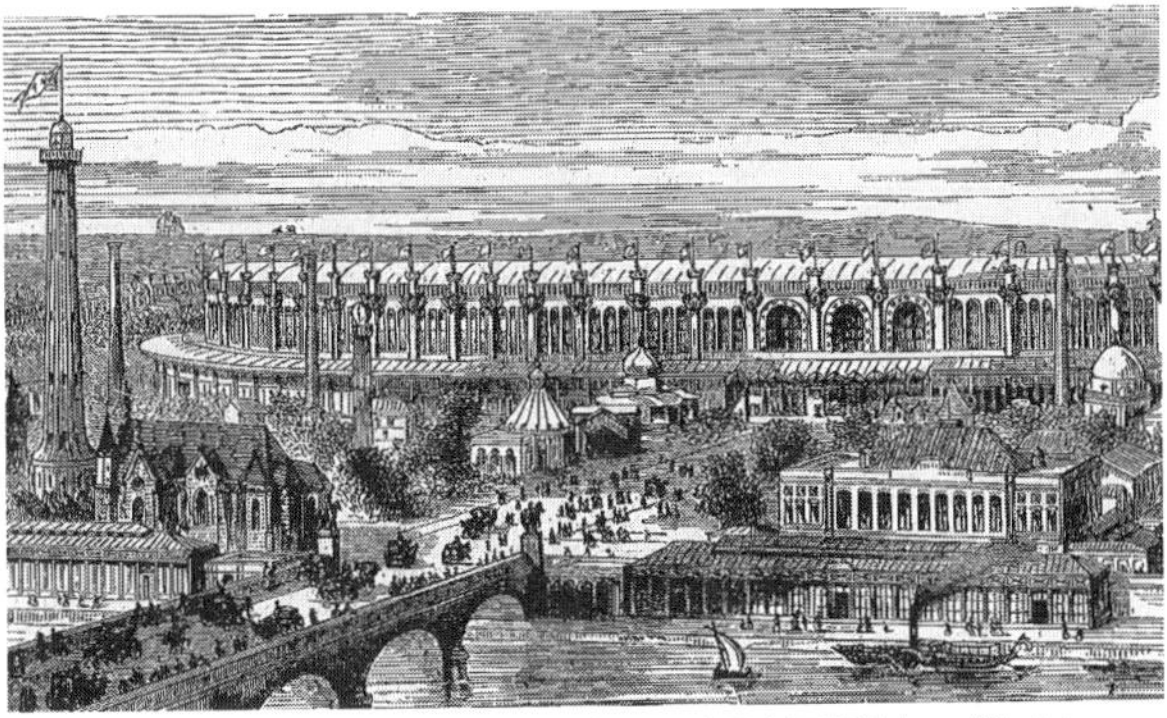

1867年の第２回パリ万博会場（部分）＝国立国会図書館ウェブサイト

こうして、栄一は攘夷論者ではなくなるが、そんな折にフランス行きの話が舞い込んできた。後年、フランスに渡る頃になって攘夷などできるものではないと気付いたと語っている。そして、フランス滞在は栄一を攘夷の志士から完全に脱皮させる。

日ならずして倒れる幕府に仕えていることへの危機感から浪人を決意した栄一にとり、動乱状態の日本を去り、やがて訪れる新時代に必要な学問を現地で学べるのは、この上なく幸運なことだった。しっかり修業を積めば、帰国した際には誕生しているであろう新国家に自分は大いに役立つはずだ。

栄一は、かけがえのない機会を与えてくれた慶喜の配慮に感激するとともに、渡りに船とばかりに渡仏を即承諾する。生涯を貫く、慶喜に対する忠誠心の原点となった。

慶応三年正月十一日、昭武一行を乗せたフランス船は横浜港を出港し、ヨーロッパへと旅立った。三月二十四日、昭武は皇帝のナポレオン三世の謁見を受け、慶喜からの国書を奉呈した。既に万国博覧会は開催中であった。

パリ滞在中は万博の式典に出席し、各国の出品物を見学する一方で、パリ市街の様々な施設を視察している。八月六日からはヨーロッパ各国の歴訪を開始した。訪問先では国王たちの謁見を受けるほか、軍事施設や造船所、製鉄所、工場などを視察した。

こうしたパリでの日々やヨーロッパ諸国歴訪が、明治の世になって栄一が実業家として名を馳せる大きなバックボーンとなる。西洋文明に実地で触れられたことは、栄一にとり願ったり叶ったりのことだった。攘夷の志士からも完全に脱皮したのである。

パリに戻ってきたのは十一月二十二日のことだった。以後、昭武は留学生活に入る。

栄一は昭武留学中の事務官として庶務と会計を担当した。昭武の秘書官として、信書の代筆もしている。御付きの幕臣や水戸藩士への月給の支給、雑品の購入なども担当だった。

昭武の留学期間は五年の予定であり、栄一のフランス滞在も数年に及ぶはずだったが、本国の情勢はそれを許さなかった。間もなく留学など続けられる状況ではなくなり、パリ滞在は一年にも満たなかったのである。

故国で政変が勃発

昭武がパリでの留学生活を開始した頃、万里の波濤《はとう》の向こうの日本では幕府が消滅する。慶喜も将軍の座をみずから降りていた。

当時、天皇をトップとする政体の樹立を目指す薩摩藩は長州藩などと連合し、幕府の立て直しをはかる慶喜を将軍の座から引きずりおろそうとしていた。要するに倒幕だが、そのためには慶喜との武力対決も辞さない決意を固める。武力倒幕（討幕）である。

西郷隆盛＝国立国会図書館ウェブサイト

西郷や大久保利通たちは公家の岩倉具視《ともみ》とはかり、王政復古を実現すると称して慶喜追討の宣旨の交付を朝廷に願い出る。慶応三年十月十四日、薩摩・長州藩主宛てに討幕の密勅が下ったが、同じ十四日に慶喜が大政奉還の上表を提出したことで、西郷たちが打倒を目指した幕府は倒れる。二十四日には将軍職辞職の上表も提出し、諸侯の列に降りた。幕

大久保利通＝国立国会図書館ウェブサイト

府をみずから消滅させる奇策により、慶喜は政局の主導権を握ることに成功する。

　ここに、天皇を戴く朝廷のもとに新政府が樹立され、慶喜を含めた有力諸侯が国政に参加する政治体制が誕生する運びとなった。以後、政局の焦点は新政府でどの大名が主導権を握るかに移る。

　慶喜を新政府のリーダーとして擁立する動きも盛んだったが、巻き返しを期す薩摩藩は慶喜や対立する会津藩などを新政府から排除しようと目論む。長州藩に加えて広島藩、土佐藩、さらに徳川一門の尾張藩や福井藩まで取り込んだ上で、十二月九日にクーデターを敢行した。自派で天皇の住む御所を取り囲んだ上で新政府の人事を決める会議を開き、慶喜たちを排除することに成功する。

　当然ながら、慶喜を奉じる徳川方は激高する。京都で戦争が勃発するのを恐れた慶喜は幕臣や会津藩士たちを率いて大坂城に入った。

　以後、一カ月近く双方は睨み合いを続けるが、翌四年（一八六八）一月三日、ついに京都南郊の鳥羽と伏見で開戦となる。はからずも慶喜はこの戦いに敗れてしまい、朝敵に転落した。禁門の変での長州藩の立場となったのだ。

敵を甘くみた結果であったが、かたや数の上では劣勢だった薩長両藩は敗北も覚悟して戦いに臨んだ。その違いは大きかったのである。形勢を展望していた諸藩は雪崩《なだれ》を打って、「錦の御旗」が掲げられて官軍となった薩摩・長州藩側に付いたため大勢は決する。

相次ぐ敗報、さらには朝敵とされたことで、慶喜は一気に戦意を失う。六日夜、密かに大坂城を脱出し、海路江戸に向かった。七日、朝廷は慶喜の追討令を発する。二月十五日には、有栖川宮《ありすがわのみや》を東征大総督とする慶喜討伐軍（東征軍）が京都を進発し、東海道・東山道・北陸道の三道から江戸へ迫った。

一方、大坂城を脱出した慶喜が江戸城に戻ってきたのは、一月十二日のことである。それから約一カ月、徳川家では和戦をめぐって激烈な議論が交わされるが、慶喜は諸般の情勢を分析した結果、身をもって新政府（朝廷）に反省の意を示すことで寛大な処置を願う恭順路線を選択する。以後、勝海舟を新政府との交渉に当たらせた。

三月十四日、勝と西郷隆盛との再会談で翌日の江戸城総攻撃は延期となり、四月十一日、江戸城は東征軍に明け渡された。この日、慶喜は謹慎していた上野の寛永寺を出て水戸へ向かった。

こうした故国の急変する政治状況を知っても、パリの栄一たちは速やかに帰国することもできず、手をこまねくしかなかった。切歯扼腕《せっしやくわん》していた。

幕臣たちの間では恭順路線を取る慶喜に対して抗戦を求める意見が強く、パリにいる栄一たちにしても同様だった。なぜ、慶喜は新政府つまりは薩摩・長州藩と戦おうとしないのか。

この頃、パリにいた昭武は慶喜に何度か書状を出している。だが、実は昭武が書いたものではなかった。栄一は昭武の秘書官として信書を代筆していたが、その立場を利用して薩摩・長州藩と戦うよう慶喜に強く求めたのである。

しかし、昭武のもとに新政府から帰国命令が届いてしまう。五月十五日のことである。慶喜が新政府に恭順する姿勢を取っている以上、その命令に従わざるを得なかった。

昭武一行を乗せた船が横浜港に入ったのは十一月三日。既に戊辰戦争は終局に向かっていた。水戸藩主となることが内定していた昭武は江戸改め東京に向かったが、栄一には江戸開城の立役者である海舟との出会いが待っていた。

第二章

そりが合わない海舟と慶喜

——敗戦処理を命じられる

（1）ペリー来航で世に出る海舟

蘭学修業の日々

ペリー来航から遡ること三十年前の文政六年（一八二三）一月三十日、勝海舟は旗本勝小吉の長男として隅田川に面する本所の地で生まれた。名を義邦、通称麟太郎といったが、本書では号の海舟で通す。

父小吉は旗本男谷《おだに》彦四郎の弟で、勝家に婿養子に入った人物である。そして生まれたのが海舟だが、当時小吉と妻の信子は男谷邸内に住んでいた。海舟には妹が一人おり、後に松代藩士佐久間象山の妻となる。

勝家は旗本ではあったが、禄高はわずか四十一石に過ぎず、微禄の御家人とさほど変わらない身上だった。まさに下級幕臣である。小吉は幕府の役職に就くことを切望するが、無役のまま終わる。生活は苦しく、刀剣のブローカーなどで得た収入で生計を立てた。

青年期の海舟は剣術修業に加え、蘭学修業に精魂を込めている。海舟が蘭学をはじめた時期には諸説あるが、天保十三年（一八四二）の頃という。天保改革の真っ只中だったが、この年の秋からオランダ語を学びはじめ、翌年七月には文章が書けるようになったらしい。

弘化三年（一八四六）、海舟は本所から赤坂の地に居を移した。前年には結婚しており、心機一転、蘭学修業にいっそう打ち込む。この頃のエピソードとして語り草になっているのは、蘭和対訳辞書『ヅーフ・ハルマ』の筆写作業だろう。

『ヅーフ・ハルマ』は蘭学を学ぶ上では座右に置きたい語学辞典だったが、当時貧困にあえいでいた海舟は購入できなかった。そのため、損料として十両を支払って『ヅーフ・ハルマ』の筆写本を借り、寝る間を惜しんで二部筆写した。一部を自分の手元に置き、もう一部は売り払って損料にあてたのである。

海舟がオランダ語の修業に励んだのは、蘭学で身を立てるためではない。オランダ語で書かれた兵学の書物を通じて軍事知識を得ることが目的だった。嘉永三年（一八五〇）、海舟は蘭学と兵学の塾を開く。

開塾してから三年後にペリーが来航するが、その間に海舟の名は蘭学界・兵学界の間で徐々に知れ渡るようになる。その名を慕い、家臣を入塾させる藩もあった。大砲や小銃の製作を依頼してくる藩もあった。

その後、ペリーが浦賀に来航するのだが、実は幕府は事前にそのことを知っていた。嘉永五年（一八五二）六月、長崎の出島に着任したオランダ商館長が長崎奉行に提出した『別段風説書』に、ペリーが翌年に来航する旨が記されていたからだ。

しかし、幕府は何ら有効な対応策を取らなかった。江戸湾を警備する会津・彦根・川越・忍《おし》藩、そして江戸湾の警備に当たる浦賀奉行にペリー来航情報を伝え、その日に備えるよう命じただけだった。

世情不安を招くことを恐れた幕府は秘密主義を取ったのだ。だが、こうした情報はどうしても漏れてしまうものである。翌六年初頭には海舟もその情報を入手し、アメリカの軍艦にどう対応すべきかを説く文章（『蠏行私言《かいこうしげん》』）を作成している。

ペリー来航後、海舟は海防に関する上書を提出するが、来航前からその構想を温めていたのである。

注目された幕府への上書

嘉永六年六月三日、アメリカ東インド艦隊司令長官ペリーが軍艦四隻を率いて、浦賀沖に姿を現した。開国を求めるフィルモア大統領の親書の受理を迫って江戸湾に進む姿勢を見せたため、ほとんど無防備状態だった江戸城下は大混乱に陥る。

ペリーは三浦半島の久里浜で幕府代表に親書を受け取らせた後、返書を受け取るため来年再来航すると予告し、江戸湾を去る。幕府は台場(砲台)の建設を開始するなど、遅まきながら江戸湾の海防に着手するが、この国難に際し、老中首座阿部正弘は今までの幕政ではみられなかった方針を打ち出す。対外問題には挙国一致で臨むことが必要という認識のもと、開国を求めてきたアメリカ大統領の親書を諸大名に提示し、意見を求めたのである。

これを受けて、諸大名からは約二百五十、幕臣からは約四百五十もの上書が提出された。その大半が、開国要求は拒絶すべし、交渉を引き延ばして時間稼ぎをはかるという趣旨の提案に過ぎなかった。軍事的見地に基づく有用な提案ではなかった。

しかし、海舟の上書は具体的な提案となっていた。

海舟は、六月と七月の二回にわたり上書を提出した。六月の上書では、アメリカの軍艦が江戸湾奥深く侵入し、測量までされてしまった事態を問題視している。

ペリーが再来航の意思を伝えている以上、再び江戸湾に侵入してくることは必至であるから、大森・羽田・品川・佃島・深川に台場を設け、十字射ちが可能な防衛体制を敷かなければならない。

軍艦の必要性も説いているが、熟練した乗組員がいなければ軍艦があっても意味はない。当面は江戸湾の防備、つまりは砲台の建設が先決だ。その後軍艦を整えて、兵制を西洋式に変えるべきである――。

約七百もの上書のなかで海舟の提案は際立っており、世に出る直接のきっかけとなる。六月の上書に注目した幕閣からの求めに応じて提出した七月の上書は、五カ条から成っている。今回は海防案のみならず、貿易論や政治論にまで踏み込む内容である。

こうした一連の上書が幕閣から評価され、海舟は登用される。父小吉が果たせなかった役職就任の夢を果たすのであった。

翌七年（一八五四）正月十六日、ペリー艦隊は江戸湾に再び姿をみせた。三月三日、幕府はその威圧に屈する形で日米和親条約の締結を余儀なくされる。

一方、海舟は、安政二年（一八五五）一月十八日に洋学所《ようがくしょ》への出役が決まる。洋学所とは後の蕃書調所《ばんしょしらべしょ》のことで、洋学の教育や研究、洋書の翻訳などにあたった部門だ。江戸城近くの九段坂下に建設され、後に東京大学の前身開成所に発展する。

その直後の二十三日には、大坂や伊勢の海岸を視察する調査団のメンバーに抜擢される。ペリー来航に続き、ロシア使節のプチャーチンが乗船する「ディアナ号」が大坂湾に来航したことで、大坂湾の防備も焦眉の課題として急浮上したからである。

大坂湾は、何と言っても京都に近い。京都には攘夷を強く主張する孝明天皇がいた。幕府としては、速やかに対応策を練る必要があった。

海舟が大坂湾などの視察の任務を終えて江戸に戻ったのは四月三日のことである。ようやく洋学所での勤務がはじまったが、その期間は三カ月ほどに過ぎなかった。江戸を離れて長崎に向かうことになったからである。

長崎での海軍伝習、そして咸臨丸での渡米

ペリー来航直後、海軍力の強化を目論んだ幕府はオランダに軍艦を注文する。だが、オランダは軍艦建造には時間がかかるとして、「スンピン号」を練習艦として献上すると申し入れ、幕府もこれを受け入れた。

軍艦の注文を受けたオランダは、海軍士官養成のための教師派遣も依頼されていた。したがって、海軍伝習教師団もスンピン号などに乗船し、長崎にやって来る。ここに、長崎海軍伝習所が発足の運びとなった。

長崎海軍伝習所で学んだ伝習生の数は百六十九名にも及んだ。幕臣は約四十名ほどで、

大半は藩士だった。長崎での伝習ということもあり、薩摩藩など西国諸藩の藩士が多かったが、そんな伝習生たちのとりまとめ役（幹部伝習生）として選ばれたのが矢田堀鴻《やたぼりこう》、永持亨次郎そして海舟の三人だった。矢田堀は後に、幕府の海軍の中心となる人物である。

海舟は長崎に向かうよう命じられ、以後三年以上にも及ぶ長崎での日々がはじまる。海舟が長崎に到着したのは、安政二年十月二十日のことである。

長崎での海軍伝習は二期にわたって実施された。第一期は安政二年十月から四年（一八五七）三月までの一年半。第二期は同四年十一月から六年（一八五九）正月までの期間だった。

第一期海軍伝習は、長崎奉行・水野忠徳や長崎在勤の海防掛目付・永井尚志《なおむね》の管轄のもとで実施された。海舟たち三人は幹部伝習生として、一般の伝習生を監督した。

第一期海軍伝習が終わると、永井や矢田堀は江戸に戻るが、海舟は長崎に残留する。引き続き、第二期伝習にも加わった。

都合三年以上にも及ぶ長崎での生活を通して、海舟はオランダの士官から海軍を直接学べただけでなく、薩摩藩をはじめ他藩との人脈も大いに培うことができた。江戸にいては得られなかった人脈であり、海舟の国家論に大きな影響を与えた。いわば、「幕府ファースト」ではない考え方である。

さて、海舟が江戸を離れている間、幕府は大きく揺れていた。朝廷を巻き込む形で、将軍継嗣と通商条約の締結をめぐる争いが繰り広げられたのである。前述のように、この争いは安政の大獄に帰結するが、海舟は長崎にいたため、その嵐に直接巻き込まれることはなかった。

海舟が江戸に戻ったのは、安政六年一月のことである。築地に設立された軍艦操練所の教授方頭取に任命されたが、前年六月の日米修好通商条約締結に伴い、アメリカに批准使節を派遣することが既に決定していた。

遣米使節は外国奉行・新見《しんみ》正興《まさおき》で、副使は同じく外国奉行の村垣範正。目付として小栗忠順《ただまさ》も使節団に加わった。小栗忠順とは、後に海舟と鋭く対立する小栗上野介のことである。

新見たちはアメリカの軍艦「ポーハタン号」で渡米したが、それとは別に、長崎での海軍伝習の成果として、日本人の手で軍艦を操船してアメリカに向かわせることが決まる。言うまでもなく「咸臨丸」である。海舟は艦長のような立場で咸臨丸に乗船し、アメリカに向かう。遣米使節の副使に任命された軍艦奉行並の木村喜毅《よしたけ》も同乗した。

安政七年（一八六〇）一月十九日、咸臨丸は浦賀を出港する。波濤を越え、二月二十六日にサンフランシスコへ入港した。

咸臨丸に十数日遅れ、三月九日にポーハタン号もサンフランシスコ港に入った。新見たちはワシントンで批准書交換の任務を果たした後、大西洋を経由してヨーロッパに渡り、世界一周する形で帰国するが、咸臨丸はそのまま日本に引き返す。五月五日、浦賀に入港した。しかし、その間、日本では大事件が起きていた。海舟たちが渡米中の三月三日、井伊が江戸城桜田門外で殺害されたのである。

(2) 将軍徳川家茂との出会い

「追放」から一転、軍艦奉行並に抜擢

咸臨丸で太平洋を往復する偉業を成し遂げた海舟であったが、帰国後は海軍畑に戻らなかった。というより、戻れなかった。

渡米前は築地の軍艦操練所教授方頭取を勤めていた。しかし、安政七年改め万延元年六

月二十四日、古賀謹一郎が頭取を勤める蕃書調所の頭取助に補される。海軍畑から教育畑に移った格好だが、海舟にとっては不満のポストだった。なぜなら、この人事は海軍からの追放を意味したからである。

海舟は咸臨丸の艦長とは言いながら、アメリカに向かう往路では船酔いに苦しめられ、船室から出られないほどの状態となったようだ。そのため、乗船していたアメリカ海軍のブルック大尉への指揮権委譲を余儀なくされる。一国を代表する艦長である海舟にとり、この上ない屈辱であった。

軍艦奉行となり遣米副使として乗船した木村喜毅によれば、海舟は船中、不満を爆発させることが多かったという。理由はよく分からないが、木村とも何度となく対立したとされる。蕃書調所への転出とは、そんな一連の言動が幕府当局に報告された結果の人事であろう。

海軍から一時追放された海舟は、約一年後の文久元年（一八六一）九月五日に講武所砲術師範役に転じる。海軍ではないが、この職は軍事畑だった。

同二年（一八六二）七月五日、海舟は築地の軍艦操練所に戻って同所頭取となる。咸臨丸で渡米する前は軍艦操練所教授方頭取であり、昇格して海軍畑に戻った形である。

海軍畑に復帰した背景には、海舟が提出した建白書の存在が指摘されている。幕府内では将軍家茂の上洛が検討されていたが、海舟は海路での上洛を建白する。陸路に比べ、蒸気船ならば日数も経費も掛からない。

海舟の海路上洛案に注目したのが、外国奉行で大目付兼務の大久保忠寛《ただひろ》（一翁）であった。そもそも、大久保の口利きで洋学所に登用された経緯があり、海舟にとり恩人に他ならなかった。大久保は海路上洛の建白書を老中や政務参与の松平春嶽《しゅんがく》に取り次ぐ。春嶽は安政の大獄で隠居に追い込まれたが、この年の五月七日に政務参与に就任しており、復権を遂げていた。

七月四日、大久保は幕府の陰の実力者である御側御用取次に抜擢され、翌日に海舟が軍艦操練所頭取となる。海路上洛の建白書が幕閣で評価された形だが、大久保の推薦があったことは言うまでもない。

その直後の六日に慶喜が将軍後見職、九日には春嶽が政事総裁職に就任する。そうした流れのなか、閏八月十七日に軍艦奉行並に引き上げられた海舟は幕府の軍制改革に携わる一方、将軍の海路上洛に奔走することになった。

軍艦奉行並に抜擢された海舟は就任直後から、何度となく横浜に出向いている。翌文久三年二月に予定された将軍上洛に備え、家茂が乗船する蒸気船を物色するよう命じられたからだ。

九月十七日、海舟はイギリスの商船を手に入れる。海舟専属の軍艦となる「順動丸」である。翌年に家茂を順動丸に乗せて大坂まで運ぶ予定だったが、その前に予行演習のような形で、老中格・小笠原長行《ながみち》と政事総裁職・松平春嶽を乗せて大坂まで運んでいる。三年正月に、家茂の海路上洛は二月二十六日と発表されるが、直前になって陸路での上洛に変更されてしまう。

ちょうどこの時期、前年八月に起きた「生麦事件」の処理をめぐり、イギリスが本国から十二隻の軍艦を呼び寄せて謝罪と賠償金の支払いを幕府に迫ろうとしていたからだ。幕府はイギリス艦隊の動向を危惧し、海路での上洛を中止する。二月十三日、家茂は江戸城を出発して東海道を西へ向かった。

神戸海軍操練所の創設を許可される

家茂が陸路で上洛するのを江戸で見送った海舟は、大坂湾に砲台を設置するため順動丸で大坂に向かう。京都に近い大坂湾の海防も軍艦奉行並たる海舟の仕事だった。

上洛した家茂は朝廷から攘夷の実行を迫られ、四月二十日に、「五月十日を攘夷の期日にする」と約束してしまうが、それに伴い大坂湾を巡視することになった。海舟はその案内役を命じられる。

四月二十三日、家茂は海舟指揮の順動丸に乗船する。上洛の際に乗船する予定だった軍艦である。順動丸が兵庫沖に到着すると、家茂はボートに乗り換えて上陸し、海舟が建設にあたっていた兵庫の台場を視察した。

視察後、家茂はボートで神戸村に向かい、再び上陸した。その折、海舟は年来温めていた構想を家茂の前で披瀝する。

兵庫に砲台を建設するだけでは大坂湾の海防強化にはならない。是非とも、神戸に海軍の根拠地を建設しなければならない。蒸気船を操船できる士官の養成も必要であるから、江戸（築地）の軍艦操練所とは別に海軍操練所を創設したい。

海舟によれば、家茂は即座に了承したという。この日の海舟の日記をみると、家茂はまだ若年（当時、数えで十八歳）だが、「英主」の威風がある。その勇気凛々な様子に敬服するとの記述がみられる。そして、海舟の構想を即座に了承してくれたことを「英断」と表現した（『勝海舟関係資料　海舟日記（一）』東京都江戸東京博物館）。いかに海舟が感激したがよく伝わってくる文面であった。

海舟は後々まで、家茂を讃え続ける。家茂のことを語る際には常に涙を浮かべたともいうが（久住真也『幕末の将軍』講談社選書メチエ）、そうした気持ちはこの時にはじまったのだろう。

将軍のお墨付きもあり、早くも二十七日には大坂城での評議で神戸海軍操練所の創設が正式決定する。幕府からは年間経費として三千両が拠出されたが、とても足りなかったため、福井藩から建設資金の融通を受けている。同藩の最高実力者は海舟の理解者である松平春嶽だ。

だが、神戸海軍操練所の創設には一年ぐらいを要するため、海舟は先行する形で私塾を作り教育を施そうと考える。海軍操練所が創設された際、そのまま塾生を入所させようと目論んだのだ。海軍操練所創設が正式決定された同じ四月二十七日、海舟は私塾を神戸村に開くことも認められる。塾には坂本龍馬をはじめ土佐藩出身者が多く在籍することになる。

その後、攘夷の期日を五月十日と約束したこともあり、家茂は朝廷から江戸帰府の承認を得る。六月十三日に海舟指揮の順動丸に乗船し、三日後の十六日には江戸へ戻った。

文久三年八月十八日の政変後、家茂は再び上洛の途に就くことになる。今回は海舟の念願の海路で上洛したが、その際は諸藩にも蒸気船を出させ、幕府・藩による連合艦隊の形で大坂湾に向かっている。幕府の要請に応じて蒸気船を出したのは、薩摩藩、福岡藩、佐賀藩など。挙国一致で外圧に対抗しなければならないという海舟の構想が具現化されたのである。

十二月二十八日、家茂座乗の「翔鶴丸」を旗艦とする幕府・諸藩の艦隊が品川沖を出帆した。海舟は艦隊の指揮官を務める。翌元治元年（一八六四）正月八日、翔鶴丸は大坂・天保山沖に到着した。

家茂を無事に大坂へ送り届けた海舟は、今度は長崎出張を命じられる。前年の五月十日に長州藩は下関で外国商船に砲撃を加えたが、英仏米蘭四カ国は同藩に攘夷の無謀を断念させるため、下関攻撃を計画していた。幕府は海舟を長崎に派遣して攻撃の中止をオランダ総領事ポルスブルックに申し入れた。だが、結局は無駄骨に終わる。

長崎から戻って来ると、海舟は軍艦奉行に昇格する。五月十四日のことである。安房守《あわのかみ》を名乗ることも許された。十六日には家茂を海路江戸へ送り届けるため大坂湾を出帆する。二十九日には建設中だった神戸の海軍操練所が竣工し、その創設が布告された。

六月二十日、海舟を乗せた翔鶴丸は天保山沖に到着する。一カ月ぶりの上方だったが、その間、京都では池田屋事件が起きていた。海舟の身に暗雲が立ち込めはじめるのであった。

池田屋事件後、江戸に召喚される

池田屋事件は禁門の変の導火線となるが、海舟はこの事件と無関係ではなかった。神戸に創設した私塾の塾生で土佐藩出身の望月亀弥太たちが池田屋で新選組と激闘の末、落命したからである。

神戸の私塾には諸藩の藩士のほか、龍馬のように脱藩した塾生も少なくなかった。長州藩にシンパシーを感じて、その復権運動に身を投じる者もおり、望月はその一人だった。池田屋事件で望月たちが闘死したことと、長州藩の京都出兵を受けて塾内には動揺が走る。京都出兵中の長州藩兵に加わる塾生もみられた。

後に、これらの事実が幕府当局に知れたことで、責任者の海舟は軍艦奉行を罷免される。海舟が主導して創設した神戸海軍操練所も廃止の運命を辿る。

七月十九日、京都で禁門の変が勃発する。この時海舟は神戸におり、火に包まれた京都の街を遠望している。その後、海舟は幕府の命により豊後《ぶんご》の姫島に向かった。

下関を攻撃するため横浜を出港した四カ国連合艦隊が姫島に集結していた。幕府は四カ国の下関砲撃を中止させようと、海舟を現地に派遣したのだ。長州藩の討伐を外国に先にやられては、日本の統治者である幕府の面目が立たない。

海舟は神戸を出帆して姫島に向かったものの、到着した時には戦いは終わっていた。長州藩の完敗である。何事も成せないまま神戸に戻るが、無力感を感じざるを得なかった。九月九日には大坂へ出た。この大坂滞在中の同十一日に征長軍参謀の西郷隆盛たちが海舟のもとを訪ねてくる。二人は初対面だった。

当時、征長の即時断行を主張していた西郷は、この時大坂湾に外国船が迫った際の対応も海舟に尋ねている。四カ国連合艦隊が下関を砲撃して砲台を無力化したことは、幕府や朝廷そして諸藩に大きな衝撃を与えた。いつ欧米列強が大坂湾に来航して砲撃を加えるかもしれない。大坂はおろか、天皇のいる京都の防備も危うい。

そんな危機感から、西郷は大坂湾の海防担当者でもある軍艦奉行の海舟に幕府の対処策を尋ねたが、海舟は意外な言葉を発した。賢明な諸大名四〜五名が連合し、外国船を撃破できるぐらいの軍事力をもって談判すべきである。要するに、「雄藩連合」の力をもって対処すべきというのだ。言い換えると、もはや幕府には当事者能力がない。挙国一致で外圧に対抗しなければならない時であり、国内で内戦（長州征伐）などしている場合ではないという考えだった。

海舟の心中を推しはかると、四カ国連合艦隊の下関攻撃を阻止できなかったことへの無力感は大きかったのだろう。幕府の軍艦奉行と言っても、何の役にも立たない。そんな自虐的な気持ちから、幕府の現状に対する失望感を吐露し、雄藩連合への期待感を示したのであろう。

「雄藩」とは薩摩藩など外様の有力諸藩を指す用語である。幕政に参画することが許されなかったため、朝廷の威光をバックに雄藩連合という形で国政進出を目指すが、幕府の激しい抵抗に遭っていた。ところが、幕府内部に雄藩連合を支持する高官がいることを知り、西郷は驚きを禁じ得なかった。

こうして、海舟との出会いが西郷を変えていく。海舟の示唆を受ける形で、西郷は第一次長州征伐を不戦のまま終わらせた。内戦により国内が疲弊し、その機に乗じて外国が侵略してくるのを阻止したかったからである。その思いは海舟も共有するところだった。

一方、海舟は西郷と対面した後、神戸の私塾が当局の吟味を受けてしまう。前述のように、池田屋事件や禁門の変への参加者を出していたことが発覚したのだ。

十月二十二日、海舟は江戸への帰府命令を受け取る。江戸召喚だ。陸路で江戸に到着したのは、十一月二日のことである。同十日、海舟は軍艦奉行を罷免される。幕府に仇なす脱藩者などを抱える危険人物とみなされ、その責任が問われたのである。

海舟が免職となれば、その肝煎りで創設された神戸海軍操練所もただでは済まない。慶応元年（一八六五）三月九日、操練所は廃止される。私塾も消滅した。

しばらく、海舟は雌伏の時を余儀なくされる。

（3）長州再征の後始末

軍艦奉行への再任

西郷の奔走により第一次長州征伐は不戦のまま終わったが、西郷の対応に反発する幕府は長州再征に踏み切り、慶応二年（一八六六）六月七日に開戦となる。しかし、長州藩領に攻め込んだ征長軍は各方面で敗退を続け、開戦からわずか約一カ月後の七月二十日には大坂城にいた将軍家茂が病死してしまう。征長軍の士気は著しく低下した。

やがて慶喜が将軍の座に就くことになるが、その前に征長軍の指揮を執る身として長州藩との戦いに決着を付ける必要があった。当初、慶喜はみずから出陣することで戦局を打開しようと目論み、八月八日に朝廷から長州藩征討の勅書を授けられる。慶喜の要請を朝廷が受け入れたのだが、その直後に事態が急変する。

九州の征長軍を指揮していた老中格の小笠原長行が家茂病死の報に接して動揺し、七月二十九日に前線基地の小倉城から逃亡したのだ。小笠原の逃亡は九州の征長軍を動揺させ、早くも翌三十日には小倉に出兵中の熊本藩兵などが戦線の離脱を開始する。小倉藩は窮地に陥った。

八月一日、長州藩の攻撃を支え切れないと判断した小倉藩は、城を自焼する。前線への出陣を決意した慶喜だったが、小笠原の逃亡そして小倉城自焼の報が入ると戦意を喪失させる。出陣は中止となった。

十六日、慶喜は次のような方針を朝廷に上申する。将軍の喪中であるから、しばし休戦する。諸藩と評議した上で、以後の方針を決定する――。

家茂の死去を口実に征長の中止に持っていこうという意図は明らかだったが、ここで登場するのが海舟であった。元治元年（一八六四）十一月以来謹慎状態にあったが、五月二十八日に軍艦奉行に再任されていた。

薩摩藩は長州藩との盟約を受け、今回の征長軍には参加していなかった。そのため、文久三年八月十八日の政変の際には長州藩追放で手を結んだ会津藩との関係が悪化する。会津藩からすれば征長軍への参加拒否とは裏切り行為に他ならない。両藩は京都で一触即発の状況に陥った。

海舟が軍艦奉行に再任されたのは両藩を調停するためだった。海舟が薩摩藩に持つ人脈が期待されたのである。長崎での海軍伝習所時代、海舟は主に西国諸藩の藩士と知り合いになるが、とりわけ薩摩藩との人脈は太かった。かつて咸臨丸で鹿児島に赴き、西郷たちが崇敬する前藩主島津斉彬《なりあきら》に拝謁できたという大きな経験もしていたのだ。

大坂へ出向くよう命じられた海舟は、六月十日に江戸を出立する。戦争に備えて軍艦が出払っていたのか、陸路で向かっており、二十一日に大坂に到着した。二十四日には京都に入るが、既に戦争ははじまっていた。

早速、海舟は両藩の調停を開始する。しかし、結局のところはうまくいかなかった。そうこうするうちに戦局はみるみる悪化し、家茂まで病死する事態となる。巻き返しを期した慶喜も出陣の断念に追い込まれた。

慶喜に梯子《はしご》を外される

出陣を中止した慶喜は朝廷から休戦の勅書を出させることに方針を変更する。朝廷の権威を持ち出すことで、敗戦の事実をうやむやにしようと目論むが、それには長州藩を停戦させ、交戦中の征長軍を無事撤兵させることが必要だった。休戦の環境を整えなければならない。

長州藩に停戦を求める使者として慶喜が白羽の矢を立てたのが、ちょうど大坂に出てきていた海舟だった。その顔の広さに期待したのだろう。海舟は長州藩代表の桂小五郎とも知り合いであった。

将軍の喪中であり、しばし休戦する旨を朝廷に上申した同じ十六日、海舟は慶喜から長州藩との停戦交渉にあたるよう命じられる。晩年、その時のことを次のように語っている。

この頃慶喜公は後見職であつたから、おれの京都へ着いた時はちやうど参内中で、原市之進が出て来て、やれ実に御苦労だの、今度の御用は我々には何だか知れないが、

何でも貴下《あなた》でなくては弁じられないといふ事で、わざ〳〵お召しになつたのだが、なにぶん貴下のためには御名誉だなどと、平生にも似ない挨拶をするので、おれもそこは人がわるいから、此奴《こやつ》おれに油を掛けやがると思つてよい加減な返答をして居るうちに、慶喜公も御帰館になつて、御直《ごじき》で長州への使者を仰せ付けられたのだ。それも初めは思ふ仔細があつて、おれも固く御辞退申したが、ぜひにとの事だから、それではとて断然御受けを致したのだ。

それでかく〳〵の次第で長州と談判致すつもりであるといふことを、慶喜公へ言上すると、公はなにぶん頼むとの事だから、おれも、宜しうございます、一ケ月中には必ず始末を付けて帰ります、もしさもなくば私の首はなくなつた事と思召《おぼしめ》されよと申上げて出発した。

（勝海舟『氷川清話』講談社学術文庫）

当時慶喜は将軍後見職ではなく、その点は海舟の記憶違いだったが、慶喜から長州藩との談判を直接命じられたのは事実である。

海舟自身は気づいていなかったのかも知れないが、松平春嶽の証言によると慶喜は海舟を嫌っていた。その理由はよく分からないが、長州藩との交渉を担える者が他にいなかったため、不承不承、海舟の起用を容認したようだ。

海舟は交渉に先立ち、自分の使命を書面にして慶喜に差し出し、一筆貰っている。慶喜の承認を得た内容に沿った交渉であると書面に残しておくことで、自分の判断で交渉したと慶喜や幕閣に追及されるのを防ごうとしたわけだ。後々の証拠にしようとしたのである。

海舟の立場からすると、長州藩に停戦を認めさせるには何か「土産」を持っていく必要があったが、「幕府には『天下の公論』を採用する意志がある」と伝えることで停戦に持ち込もうと考えていた。その旨を伝えることは了解を得ていた。

ここで言う「天下の公論」とは要するに雄藩の意見を指しており、国政に取り入れる意志が幕府側にあることを示せば長州藩は鉾《ほこ》を収めると海舟はみたのである。雄藩には長州藩も含まれるからだ。従来、幕府は雄藩連合という形で国政進出を目指そうという動きを封じ込めてきたが、そんな姿勢からの百八十度転換であった。

二十日、海舟は兵庫から海路広島に向かった。翌二十一日に広島城下へ入った海舟は広島藩を通して長州藩に停戦交渉を打診する。

九月二日、海舟は広島藩領の安芸《あき》国宮島で長州藩代表の広沢真臣《さねおみ》たちと会談を持つが、交渉は難航する。

「『天下の公論』を採用する意志がある」と伝えても、それは口約束に過ぎないと受け取られたようだ。結局のところ、征長軍の撤退を追撃しないという約束を取り付けるのが精一杯であった。

これを受け、征長軍は撤兵を開始する。長州藩も追撃しないとの約束を守った。その後、朝廷から休戦を命じる沙汰書（八月二十一日付）が長州藩に下される。慶喜の要請を受けて朝廷が下した勅書だが、その文面と形式に長州藩は反発する。

勅書では侵略した土地を引き払えと長州藩に命じていたからだ。長州藩に言わせれば、征長軍が攻め込んできたのを押し返しただけであった。休戦を命じる宛先が藩主毛利敬親《たかちか》ではなく、その孫昌丸だったことも藩主をないがしろにするものとして許せなかった。幕府は開戦前、藩主敬親に隠居、世子広封《ひろあつ》に永蟄居《えいちっきょ》の処分を科すことを決めていたため、名目上、広封の子を宛先にしたのである。

さらに、海舟によれば雄藩の意見を取り入れる意志が幕府にはあるという話であったが、その後幕府からは何のアクションもなかった。慶喜からの特使としてやって来た海舟に長州藩の不満が向けられるのは避けられなかった。嘘も方便というわけではないが、慶喜には雄藩の意見を国政に反映させる意思などさらさらなかった。ただのリップサービス、交渉を進めるための政治的駆け引きに過ぎなかったが、交渉担当者の海舟にしてみると慶喜に梯子《はしご》を外された形であった。

停戦を長州藩に承知させた海舟は大坂に帰るが、その役目が終わると、十月一日に江戸へ戻るよう命じられる。もう利用価値がなかったからだ。顔の広さを体よく利用されただけの海舟としては実に心外であり、慶喜に強い不信感を抱くきっかけになったのは言うまでもない。慶喜との人間関係が屈折したものになるのは、この時がはじまりであった。

これ以上、海舟には風雲急を告げる政局で活躍する場は与えられず、再び雌伏の時を過ごす。冷や飯を食わされたまま、約一年後の幕府の終焉を江戸で迎えるのである。

第三章

栄一と海舟の出会い

——静岡藩での奮闘

（1）江戸開城の立役者となる海舟

二度目の敗戦処理

長州藩との停戦交渉で顔の広さを体よく利用された海舟は慶喜への不信感が募っていったが、同時期に渡仏の機会を与えられた栄一は慶喜の配慮に感激した。

慶喜に対する栄一と海舟の気持ちは全く逆であった。栄一と海舟の人間関係にも影を落とす大きな理由となる。そんな二人が初めて出会ったのは一年以上にもわたる戊辰戦争が事実上終わり、天皇が江戸城に入って皇居と定めた頃である。

当時、海舟は敵方の西郷とともに江戸開城の立役者として、その名が天下に喧伝されていた。一方、栄一も尊王攘夷の志士として幾多の修羅場を潜り抜け、万里の波濤を越えた洋行経験もあったが、海舟と比較すると役者が違った。栄一もそれは認めるところであり、その言葉を借りると「段違い」だった。小僧扱いされても仕方なかったが、その時に感じた憤懣が海舟との関係を難しくしていく。

まずは江戸開城までの流れをもう一度見ていこう。

京都（上方）では長州再征の失敗を受けて幕府の立て直しをはかる慶喜に対し、雄藩連合を目指す薩摩藩が激しく反発する構図で政局が展開していた。両者の間の熾烈な権力闘争は慶応三年（一八六七）十月十四日に慶喜が大政奉還という奇策に打って出たことで、慶喜のペースで進むかにみえた。

しかし、巻き返しを期す薩摩藩は藩主島津茂久《もちひさ》が「率兵上京」を断行する。徳川一門の尾張藩や福井藩まで取り込んだ上で、慶喜や対立する会津藩などを新政府から排除しようと図った。十二月九日、自派で天皇の住む御所を取り囲み、新政府の人事を決める会議を開いて慶喜たちの排除に成功する。いわゆる王政復古のクーデターである。

慶喜を奉じる徳川方は激高し、御所を占領した薩摩藩などと一触即発の状況に陥る。翌四年（一八六八）一月三日、鳥羽と伏見で開戦となり、敗北した慶喜は朝敵に転落した。慶喜は海路江戸に逃げ戻る。朝廷が慶喜の追討令を発し、有栖川宮を東征大総督とする討伐軍（東征軍）が江戸へと向かうレールが敷かれた。

同十二日に江戸城へ逃げ戻った慶喜は新政府に寛大な処置を願う恭順路線を選択する。

新政府で議定を勤める前福井藩主松平春嶽や前土佐藩主山内容堂、あるいは十四代将軍家茂の御台所《みだいどころ》静寛院宮《せいかんいんのみや》（和宮）や十三代将軍家定の御台所天璋院《てんしょういん》篤姫《あつひめ》を介して寛大な処置を願い出る一方、海舟を再び起用して新政府との交渉に当たらせた。

海舟は、西郷や木戸孝允（桂小五郎）をはじめ、新政府の首脳部に知り合いが多かった。なかでも薩摩藩との人脈は太く、慶喜としては、またしても海舟の人脈に期待していた。前回の長州再征の後始末で煮え湯を飲まされた海舟としては心穏やかではなかったはずだが、徳川家存亡の危機であり、そんなことは言っていられなかった。身命を賭して、慶喜から課せられた二度目の敗戦処理の役目に邁進する。

当時海舟は軍艦奉行としてイギリスの協力による海軍伝習の準備にあたっていたが、正月十七日に海軍奉行並へ昇格する。二十四日には陸軍総裁に転じた。

大政奉還により徳川家は将軍の地位から諸大名の列に降りたため、これまで大名が担当していた職務を旗本に勤めさせることになった。海軍総裁は軍艦奉行だった矢田堀鴻、会計総裁は元勘定奉行の大久保一翁、外国事務総裁は外国奉行並の山口直毅が任命された。

海舟は海軍出身でありながら、徳川家の陸軍を指揮する立場の陸軍総裁に就任する。慶喜の恭順路線に強い不満を抱き、新政府への抗戦を主張する陸軍を抑えるための人事だった。陸軍を抑止できなければ恭順路線など成り立たないからである。

新政府との神経戦

二月十二日、慶喜は江戸城を出て徳川家の菩提寺・寛永寺に入り、子院・大慈院の一室に謹慎した。その三日後の十五日には有栖川宮を東征大総督とする慶喜討伐軍（東征軍）が京都を進発する。

三月五日、東海道を進んできた有栖川宮が駿府に到着した。その翌日には江戸城総攻撃の予定日が同月十五日と決まる。東征軍を仕切るのは大総督府参謀を務める西郷隆盛であった。

慶喜から新政府との交渉を託された海舟は西郷のもとに出向き、直接交渉する予定だった。二月二十五日、海舟は陸軍総裁の任を解かれて軍事取扱という肩書になり、江戸にとどまることになったため、慶喜護衛部隊の一つである精鋭隊の頭を勤める旗本の山岡鉄舟が海舟の代わりに西郷のもとへ向かった。

三月九日に駿府へ到着した鉄舟は、早速西郷と会談を持つ。翌十日、慶喜の死一等を免じるための条件（七カ条）が西郷から提示されたため、鉄舟は急ぎ江戸に持ち帰った。

西郷は表向き慶喜を死罪に処する方針を掲げていたが、慶喜の死一等を免じる条件についての協議は既に新政府内で進行中だった。慶喜は恭順の姿勢を示しており、その断罪を強行することへの反発を慮ったのだろう。

強行すれば、徳川家と全面戦争になる。国内が内乱状態に陥り、列強諸国に蹂躙《じゅうりん》されたインドや中国の二の舞は避けられない。その危機感は、敵方の海舟とも共有していたはずだ。慶喜が恭順の姿勢をみせているうちに、できるだけ徳川家にプレッシャーを掛け、今後に備えようとしていたとみた方が正確だろう。その方が交渉を有利に進められる。

禁門の変の際も、当初は長州藩征討の即時断行といった強硬論を唱えたものの、やがて寛典論《かんてんろん》（穏やかな策）に転じた。その折の海舟の存在の大きさは前章で述べたとおりである。今回も同じような経緯を辿ることになる。

鉄舟が駿府にやって来るまでに、慶喜助命の条件は七カ条にまとめられていた。徳川家が受諾すれば、家名存続についても寛大な処置があるというわけだ。その主旨は、慶喜の弟池田茂政《もちまさ》が藩主を勤める岡山藩へのお預け、江戸城の明け渡し、そして軍艦と兵器をすべて引き渡すことだった。完全武装解除である。

鉄舟は慶喜助命の条件を受け取った後、すぐさま江戸へ戻ったが、後を追うように西郷たちも江戸へ急行する。鉄舟の江戸到着は十二日だが、東征軍の進軍速度は早かった。翌十三日、西郷は薩摩藩の高輪屋敷に到着する。

もはや江戸市中に入ったも同然だった。翌々日に迫った江戸城総攻撃の準備に入り、徳川家を追い詰めていく。一連の迅速な動きにしても、交渉を有利に進めるための駆け引きとみてよいだろう。

この日、海舟が西郷のもとを訪ねた。三年ぶりの再会だ。いよいよ西郷と海舟の第一回会談がはじまるが、海舟は前日に慶喜助命の条件を知ったばかりで、回答案までは持参できなかった。

江戸城開城そして完全武装解除とは、徳川家にとり最重要の案件であった。無条件降伏を迫られたようなものであるから、わずか一日では徳川家内部の意見はまとまらない。

そもそも、鉄舟が持ち帰った文面だけでは東征軍つまり西郷の真意が分からない。西郷と対面し、その説明を受けてからでなければ結論は出せない。まずは、下交渉のような形で海舟は西郷に対面し、七カ条の助命条件について問うた。

この三月十三日の会談が江戸城総攻撃そして慶喜の処遇をめぐる最初の交渉だったが、海舟は西郷との会談を終えると、江戸城に戻り大久保一翁たち徳川家首脳部と協議に入る。

対案とも言うべき嘆願書をまとめあげ、翌十四日に再び西郷のもとを訪れた。

総攻撃は翌日である。この日の会談ですべてが決まることになっていた。

西郷隆盛の英断

海舟が携えてきた徳川家の嘆願書の趣旨は次のとおりである。

慶喜は実家水戸藩へのお預けにして欲しい。江戸城は明け渡すが、軍艦や兵器は徳川家の方でまとめておき、寛大な処分が下された時、徳川家で必要な分以外の軍艦や兵器を引き渡すことにしたい。

すべての軍艦と兵器の引き渡しを求めた西郷に対し、その要請を拒否したのだ。逆に譲歩を求めていた。

徳川家としては、抗戦を強く主張する陸海軍から軍艦や兵器をすべて取り上げることなど、とうてい無理だった。取り上げようとすれば、武力抵抗に出て開戦の事態になるのは火を見るよりも明らかである。

徳川家陸海軍の猛反発を予想して完全武装解除には応じられない海舟の立場は分かるが、強硬路線を牽引してきた西郷も困ってしまう。西郷の立場からすると、これでは総攻撃に踏み切らざるを得ないが、海舟もこれ以上退けなかった。決死の思いで会談に臨む。交渉が決裂して開戦となれば、江戸を自ら火の海とする焦土作戦も覚悟していた。

やむなく、西郷は徳川家の嘆願書を受理したが、現場責任者の自分では判断できないとして、駿府まで進んでいた大総督有栖川宮に伺いを立てると告げる。自ら駿府に出向くこととした。

それまでは攻撃を延期すると海舟に伝え、翌十五日の総攻撃を直前で中止する。

要するに、西郷は大きく譲歩した。提示した条件を徳川家が受諾しなかったにもかかわらず、攻撃を中止したからだ。巷間伝えられているように、イギリス公使パークスの江戸城総攻撃反対論や和宮・篤姫の嘆願も総攻撃中止を決めた一因だったかもしれないが、海舟への配慮も見逃せない。前章で指摘したように、西郷が海舟の識見に感服していたことは看過できないのである。

武士の情けだったのかもしれない。救われた立場の海舟は後々まで、この時の総攻撃中止という西郷の決断に感謝する。海舟にとっては英断に他ならなかった。

西郷からすると、これ以上徳川家を追い込むと窮鼠《きゅうそ》猫を噛む事態となる。江戸は火の海となり、日本は内乱状況に陥るだろう。駿府（そして京都）まで往復する時間、つまり冷却期間を置けば徳川家の陸海軍も軟化して海舟の説得に応じるのでは、という読みもあったかもしれない。

しかし、敵の海舟に塩を送った形の西郷の立場が新政府内で悪くなるのは避けられなかった。これから述べていくとおり、徳川家は完全武装解除の約束を守らなかった。西郷にしても、その違約行為を理由に江戸城総攻撃に踏み切ることはなかったからである。

総攻撃を前日に控えての突然の攻撃中止命令は東征軍内に大混乱を招いたが、海舟との会談を終えると、西郷はすぐさま駿府に向かう。駿府では有栖川宮臨席のもと嘆願書の内容を協議したが、結論は出なかった。西郷は京都まで戻ることになり、新政府首脳の会議に結論を委ねる。

京都に戻ってきた西郷を迎え、朝廷では総裁・議定《ぎじょう》・参与による三職会議が開かれた。徳川家が提出した嘆願書が審議された結果、慶喜は水戸藩へのお預けとする。軍艦・兵器は全て没収した上で、必要分を後日下げ渡すという方針が決まった。徳川家で必要とする分の軍艦や兵器は返却すると約したものの、完全武装解除の線は崩さなかった。

慶喜の水戸藩お預けは勝ち取ったが、徳川家にとって極めて厳しい回答だった。これでは、徳川家の陸軍・海軍将兵の反発は必至である。開戦の危機が再び近づいていた。

徳川家内部にくすぶる主戦論

四月二日、西郷が徳川家への回答書を携えて江戸に戻ってきた。四日、東海道軍で先鋒総督を勤める橋本実梁《さねやな》が勅使として江戸城に入り、嘆願書に対する新政府の回答を伝えた。すべての軍艦と兵器の引き渡しの実行期限は十一日と申し渡した。四月十一日が江戸開城、そして徳川家の武装解除の日となるはずだった。

新政府の命に従わなければ開戦、つまりは江戸城総攻撃となるが、徳川家はすべての軍艦と兵器を引き渡せなかった。自主的な完全武装解除ができなかったのである。陸海軍の怒りが爆発したからだ。武力蜂起寸前の状況に陥る。

窮した徳川家代表の海舟と大久保一翁は、東海道軍が駐屯していた池上本門寺に出向く。「陸海軍将兵の憤激が凄まじく、すべての引き渡しは到底無理である」として情状酌量を求めた。陸海軍の将兵の一部は引き渡しを拒否し、脱走を開始していた。

開城前日の十日に海舟と大久保が東海道軍参謀の木梨精一郎に語ったところによれば、軍艦は八隻引き渡すはずが、二隻が脱走。陸軍についても、七番隊などは全兵士が武器を持ち出して脱走してしまう。軍艦と兵器をすべて引き渡す約束は、既に守られていなかった。新政府にとってみれば違約行為の何ものでもない。

軍艦に至っては二隻の脱走では済まなかった。開城当日の十一日、海軍副総裁の榎本武揚《たけあき》の指揮で八隻すべてが房総沖の館山に向かう。軍艦引き渡しの約束は全く守られなかったのである。

陸軍についても、開城当日に歩兵奉行大鳥圭介が脱走する。下総国府台《しもうさこうのだい》に陸軍の将兵二千人が集結して東征軍を大いに悩ます。冷却期間を置けば、徳川家の陸海軍も軟化して海舟の説得に応じるのでは、という西郷の読みは外れた。

慶応四年四月十一日。

海江田信義・木梨両参謀に率いられた薩摩・長州・尾張・熊本・岡山・大村・佐土原の七藩の藩兵は抵抗を受けることなく江戸城に入城した。

徳川家の若年寄や大目付たちに出迎えられた両参謀は城内を点検。点検が終了すると、幕臣たちは城を去っていった。江戸城は無血開城となり、東征大総督府に引き渡された。大総督有栖川宮が江戸城に入ったのは四月二十一日のことである。

徳川家が保有する兵器は東征軍に直接引き渡されたのではなく、熊本藩の預かりとされた。徳川家陸海軍の反発に配慮した対応だったが、同藩が預かったのは一部に過ぎなかった。大半の兵器は武装解除に反発する歩兵たちが持ち出し、そのまま江戸を脱走したからだ。脱走兵の数は数千人にも達したとされる。

このように、完全武装解除という約束はまったく守られなかった。本来ならば、西郷率いる東征軍は徳川家の違約行為を糾弾し、江戸城を総攻撃することもできたはずだが、その道は取らなかった。

西郷は海舟たちの嘆願を受け入れ、妥協してしまう。新政府の方針が骨抜きにされていくのを甘受したのだ。言い換えると、西郷は交渉術に長けた海舟のペースにはまっていく。

ただし、綱渡りのような海舟の交渉術に慶喜は危うさを感じたようだ。西郷の度量によって結果的に開戦には至らなかったとはいえ、その危機を感じた慶喜から叱責を受けた海舟がその場で強く反発した話を海舟自身が『解難録』や『断腸之記』で書き残している。その真偽は不明だが、両者の関係がうまくいっていなかったことがここでも確認できる。海舟にしてみれば、難しい対応を無理に引き受けさせておきながら、自分のやり方を糾弾されては堪らないという思いだったのだろう。

西郷の度量により江戸は戦火から救われたものの、当然ながら新政府は徳川家の対応に不満を募らせる。結局のところ、その不満は徳川家つまりは海舟との交渉にあたった西郷に向けられる。

海舟の立場で言うと、武装解除など到底陸海軍の将兵が応じない以上、止むを得ない結末だった。だが、海舟との交渉にあたった西郷の立場が新政府内で悪くなるのは避けられなかった。だからこそ、この時の西郷の配慮を、海舟は後々まで称賛し続けるのであった。

(2) 彰義隊に結集した渋沢一族

気勢を上げる彰義隊

すべての軍艦・兵器を引き渡す約束を徳川家が守らなかったにもかかわらず、西郷率いる東征軍が強硬姿勢を取らなかったのは、江戸で軍事的に劣勢だったことも大きな理由であった。

最新のフランス式調練を受けた徳川家の陸軍歩兵の脱走が相次いだことで、関東各地は騒乱状態に陥ったのだ。江戸城に入った西郷率いる東征軍は鎮圧のため兵を急派したが、そのぶん江戸における軍事バランスは崩れた。

そんななか、新政府への抵抗姿勢を崩さない幕臣たちが上野の寛永寺に籠って気勢を上げていた。彰義隊である。

その初代頭取を務めたのが、栄一の従兄弟渋沢成一郎だった。栄一が日本にいれば、同じく彰義隊首脳として名を連ねたことは間違いないだろう。

二月十二日、慶喜は江戸城を出て寛永寺の子院・大慈院の一室に謹慎したが、この日、陸軍調役並・本多敏三郎や同役の伴門《ばんもん》五郎たちが雑司ヶ谷鬼子母神の門前茶屋茗荷屋にやってくる。本多たちが徳川家の陸軍部隊に向けて出した回状の呼びかけに応じた者たちだった。その趣旨は次のとおりである。

――慶喜公は尊王のために誠忠を尽くし、去年冬には大政を朝廷に奉還された。しかるに、奸徒どもの策謀に堕ちて朝敵に転落したことは切歯に耐えない。君辱められれば臣死する時である。一致団結して多年の御恩に報いるのはこの時だ。ついては百般ご相談申し上げたくお集まりいただきたい――。

この呼びかけに応じて集まった者たちが彰義隊のはじまりであった。以後会合を重ねることで人数が膨らみ、二十一日の会合では渋沢成一郎と天野八郎が参加する。当時慶喜側近の一人になっていた成一郎が参加したことで、同志の結集に弾みが付く。成一郎としては、謹慎中の慶喜の力になりたいという気持ちがあったのだろう。

二十三日の会合で、隊の名前が彰義隊と決まる。頭取は成一郎、副頭取は成一郎と同じく豪農上がりの天野。栄一の従兄弟で陸軍調役並の須永於兎之輔《おとのすけ》も幹事の一人に加わった。同じく従兄弟の尾高惇忠や、栄一が渡仏の際に養子と定めた平九郎（妻・千代の弟）までも参加しており、渋沢一族が集まった形である。

その後も彰義隊へ参加する幕臣の数は増え続けて千人ほどにも達したが、成一郎の意図とは反し、慶喜の恭順路線に不満を抱く幕臣たちの結集の場となってしまう。事態を憂慮した徳川家では、彼らが暴発しないよう取り込みを図ることになる。

ちょうど東征軍が江戸に向けて進撃している最中であり、戦争近しとして江戸市中の動揺は激しかった。押し込み強盗が横行するなど、治安も極度に悪化したため、彰義隊を市中取締に当たらせることで、そのエネルギーをコントロールしようとしている。

三月十四日に江戸城総攻撃は中止となり、江戸開城の運びとなるが、四月三日に彰義隊は浅草本願寺から上野の寛永寺へ本営を移す。東征軍に反感を持つ寛永寺が駐屯を認めたのだ。

寛永寺ならば謹慎中の慶喜を護衛することにもなる。境内も約三十万五千坪と広く、塔《たっ》頭《ちゅう》（子院）も三十六坊を数えた。駐屯にはうってつけの場所であった。

彰義隊の分裂

実家水戸藩にお預けの身となった慶喜は謹慎先の水戸へ向かった。

江戸開城そして慶喜の寛永寺退去を受け、今後どうするのかが彰義隊の課題となる。慶喜を守護する目的だけならば、もはや寛永寺に駐屯する理由はない。成一郎は寛永寺を退去し、別の場所に移ることを幹部たちに提案する。

成一郎が江戸退去を主張した理由は二つあった。江戸に進駐した東征軍と戦う場合、寛永寺に拠って戦うのは地の利がない。江戸市中を戦火に巻き込む恐れがある。この二点だが、根底には規律が乱れた隊士たちを統制し切れなくなっていた問題があった。

暴発して東征軍と戦争になるのを恐れたのだ。これは恭順路線を取る慶喜が最も懸念するところであり、成一郎としては慶喜の身に禍《わざわい》が降りかかることを恐れた。

具体的には、江戸から五〜七里（約二〇〜二八キロ）離れた場所への移転を提案する。江戸近郊の農村から形勢を見ようとしたのだ。寛永寺に駐屯したままでは、東征軍との武力衝突を懸念せざるを得ない。実際、各所で衝突の事態が起き、双方に死傷者も出ていた。

しかし、江戸退去の提案は隊内から猛反発をくう。自分たちが寛永寺に籠っているからこそ、新政府も徳川家に対して強く出られないという言い分だ。

実際のところ、新政府は江戸に東征軍を進駐させたものの、兵力が十分ではなかったことも相まって徳川家には腫物《はれもの》に触るような姿勢を取っていた。後述するような徳川家への厳しい処分も公表できず、時機を待っている状況であった。

だから、そうした言い分には説得力があったが、隊士には家督を継げない旗本の次男や三男が多かった。寛永寺で頑張っていれば徳川家から別家として取り立てられるのではという望みを密かに抱いており、今さら退去するわけにはいかなかったのである。

成一郎への反発が強まるなか、対照的に副頭取の天野八郎が隊内で支持を集めていく。やがて、双方は抜き差しならない関係に陥り、成一郎は天野派の隊士から命を狙われた。逆に渋沢派の隊士が天野の命を狙ったともいう。

ついに、渋沢派の隊士は天野派の隊士と訣別し、寛永寺を去ることを決める。その際には、新政府に寝返らないこと、降伏しないことを約した。利敵行為に及ばないと約束したのである。彰義隊は分裂し、渋沢派の隊士は寛永寺を去った。

彰義隊に参加していた惇忠、養子・平九郎、須永も寛永寺を去った。須永は水戸の慶喜のもとへと向かったが、成一郎たちは江戸の西方にあたる青梅街道沿いの多摩郡田無村（現・西東京市）に移り、新たな拠点を置いた。慶喜の寛永寺退去から約一カ月後の閏四月十九日のことである。

成一郎は彰義隊から分派した部隊を「振武軍」と名付ける。振武軍は前軍・中軍・後軍の三隊から構成されたが、中軍頭取の下で組頭を勤めたのが平九郎だった。惇忠は会計頭取を勤めた。

その後、振武軍はさらに江戸から離れる。田無村は江戸への出入り口である甲州街道内藤新宿から四里ほどしか離れておらず、江戸からの距離が近いことを懸念したのだ。一晩あれば、江戸の東征軍は振武軍に奇襲攻撃をかけることができると考えた。

しかし、十里以上離れていれば一日ではやって来れない。一泊することになるが、それだけの時間があれば敵の動きも事前に分かる。迎撃もできるとして、田無村からさらに西へ五里離れた箱根ヶ崎村（現・東京都西多摩郡瑞穂町）への移動を決めた。箱根ヶ崎村に転陣したのは五月十二日のことだった（『田無市史』第三巻通史編）。

東征軍からみると、振武軍は江戸を脱走した徳川家陸軍部隊そのものである。そのスタンスについて、成一郎は次のように語っている。

――寛永寺に籠る彰義隊に東征軍が攻撃を仕掛けた時は、彰義隊に助勢するつもりであった――。

彰義隊と打ち合わせたわけではなかったが、共同戦線を張ろうと考えており、別動隊のような立ち位置だった。

極秘裏に徳川家処分を内定

渋沢派の離脱により天野たちが牛耳った彰義隊は、東征軍への敵対姿勢をますます強める。慶喜退去を受け、寛永寺のトップたる輪王寺宮《りんのうじのみや》と徳川家の霊廟《れいびょう》を守ることを寛永寺駐屯の新たな名目とした。輪王寺宮を錦の御旗にして新政府と対抗しようとしたのだ。

彰義隊への参加者はさらに増え、最盛期には二千〜三千人にも達した。境内の各子院に駐屯して黒門など八門を守ったが、寛永寺のほか北側に位置する谷中の天王寺にも駐屯した。

徳川家内部の抵抗勢力が彰義隊として結集し、有栖川宮を戴く東征大総督府が入城した江戸城を北東から威圧を掛ける形であった。東征軍（新政府）にとり、大きな脅威となっていたことは言うまでもない。

さて、京都では徳川家処分についての評議がはじまっていた。江戸開城から約二週間後の四月二十九日、東征軍を率いる現場責任者の西郷も江戸を離れて再び京都に戻り、評議に参加する。西郷が江戸に戻るのは閏四月二十三日のことである。

慶喜が鳥羽・伏見の戦いの責任を取る形で隠居したため、徳川家は当主不在の状態にあった。徳川家処分のポイントは次の三点に集約される。

徳川家の相続人を誰にするのか。どれだけの所領をどの地で与えるのか。一時的に接収した江戸城を徳川家に返還するのか。

相続人は御三卿の一つ田安徳川家の当主慶頼《よしより》の嫡男で、当時、数えで六歳の亀之助で内定していた。慶喜は一橋徳川家から徳川宗家を継いだが、今度は田安徳川家が継ぐ予定だった。それは徳川家の希望でもあったが、問題は徳川家に与える所領である。

徳川亀之助（家達）＝国立国会図書館ウェブサイト

閏四月十日、西郷も加わった会議で徳川家に百万石を与えることが決まった。徳川家の所領は旗本の所領も含めれば俗に八百万石と称されており、大減封に他ならない。すべての軍艦と武器を引き渡す約束を守らなかった徳川家への不満が、この減封率に反映されていた。江戸城総攻撃中止以来、海舟に妥協し続けた西郷の融和路線の否定も意味した。

ただし、移封するか否か、つまり江戸城を徳川家に返還しないかどうかについては結論が出なかった。そのため、新政府で副総裁を勤める三条実美が関東監察使として江戸に下り、現地の情勢を直接みた上で最終判断を下すことになった。

翌十一日、三条は京都を出発する。西郷も同行した。三条や西郷が江戸に到着したのは二十三日である。

関東監察使として江戸に下向した三条主導のもと、同二十五日の江戸城内での会議で、徳川家に駿府城を与えて駿河七十万石に移封（減封）することが決定をみる。百万石からさらに減らされた。

徳川家に妥協し続けた西郷の路線は完全に否定され、強硬路線に舵が切られる。西郷も新政府の一員である以上、その決定に従わざるを得ない。

だが、この決定を公表することは憚《はばか》られた。江戸城を取り上げられた上、大減封を強いられる徳川家の猛反発を危惧したからだ。不測の事態を恐れた三条は亀之助の徳川家相続だけを申し渡し、徳川家に与える城と石高については後日とした。彰義隊に象徴される徳川家内部の抵抗勢力を排除した上で、徳川家処分つまり駿河七十万石への移封を公表する目論見であった。

閏四月二十九日、大総督府は田安慶頼を呼び出し、亀之助の徳川家相続を許可する旨を申し渡す。だが、徳川家に与える城と石高は申し渡されなかったため、幕臣たちの不安と反発は沸点に達した。

あっけなく彰義隊敗走へ

既に新政府の動きに警戒心を強めていた海舟は、閏四月二十七日に徳川家の所領は一切没収しないでほしいとする嘆願書を大総督府に提出していた。翌二十八日には西郷にも同様の書面を送ったが、巻き返しは実らず、無駄骨に終わってしまう。

江戸は、風雲急を告げてきた。

彰義隊攻撃の指揮を執ったのは軍防事務局判事の長州藩士大村益次郎（村田蔵六）である。幕府による長州再征の際、大村は石州口《せきしゅうぐち》の戦いで参謀を勤めて石見《いわみ》浜田城を落城させる軍功を挙げた。桂小五郎の信任を得て藩の軍制改革を推進し、長州藩の勝利に大きく貢献した人物だ。

西郷と同役にあたる大総督府参謀として江戸に入っていた大村は、三条が江戸に下り大総督府が強硬路線に転じると軍事指揮権を掌握する。西郷もその指揮下に入った。

かくて、五月十五日に彰義隊の戦い（上野戦争）がはじまる。

午前中の戦況は一進一退だった。だが、午後になり、加賀藩本郷屋敷に配備された佐賀藩砲兵隊が長大な射程距離を持つアームストロング砲を放ち、寛永寺の堂社の数々を焼き討ちにすると、彰義隊は浮足立つ。

これを機に、形勢は一気に東征軍に傾く。勝敗は決した。

彰義隊は奮戦したものの、結局のところは寄り合い所帯という限界を超えられず、敗退する。最新式の銃砲を備えた戦力も充分に生かせず、敗走を余儀なくされた。

上野戦争ともいう彰義隊の戦いは、一日もかからず終わった。江戸を武力で制圧した新政府は会津藩をはじめとする奥羽越列藩同盟との戦いに本格的に臨むことになる。

一方、彰義隊から分派した振武軍は、開戦の折には別動隊として東征軍との戦いに参戦するつもりであったが、あっけなく戦いは終わってしまう。敗残兵を収容した振武軍は一橋家の領地があった高麗《こま》郡飯能村（現・埼玉県飯能市）に転陣した。

上野戦争前から振武軍の動向をキャッチしていた東征軍は、彰義隊の残敵掃蕩も兼ねて討伐軍を派遣することを決める。参謀を勤める肥前大村藩士渡辺清に率いられた福岡藩、久留米藩、大村藩、日向《ひゅうが》佐土原藩の兵士が江戸を出陣したが、振武軍は東征軍の一隊が迫ることを知り迎撃する。両軍は二十二日夕方より入間川沿いで小競り合いをはじめたが、本格的に開戦したのは二十三日未明のことであった。

彰義隊を破ったばかりで勢いに乗る東征軍の攻撃を持ちこたえられず、振武軍は敗走を余儀なくされる。戦場は飯能に移ったが、数時間の激戦の後、東征軍の前に壊滅した。

成一郎と惇忠は北に向かう。上野国《こうずけのくに》まで落ちのび、伊香保や草津に潜んだ。その後、惇忠は故郷へ戻るが、成一郎は榎本武揚率いる徳川家の軍艦に乗って蝦夷地へ向かう。翌年まで新政府への抗戦を続けた後、みずから軍門に降った。東京へ護送されて投獄される。

悲惨な最期を遂げたのは、養子の平九郎であった。落ち延びる途中、東征軍に発見され、激闘の末、自害して果てる。数え年で二十三歳であった。あたかも自分の身代わりになったかのようで、栄一は後々までその死を悼み続けた。

（3）静岡藩の誕生と栄一の帰国

徳川家の静岡移封と家臣団のリストラ

渋沢一族率いる振武軍が壊滅した翌日にあたる慶応四年（一八六八）五月二十四日。徳川宗家を継いでいた徳川亀之助（後に家達《いえさと》と改名）は居城として駿河《するが》府中城、所領として駿河・遠江《とおとうみ》国などで七十万石を与えられることが公表された。駿河府中藩の誕生である。やがて、駿河府中城が静岡城と改められたことで、静岡藩という通称になる。

徳川家にとっては十分の一以下の大減封である。当然ながら徳川家は猛反発するが、甘受せざるを得なかった。新政府に敵対すると、一日もかからずに鎮圧された彰義隊の二の舞になるからだ。徳川家は牙を抜かれていた。新政府の思惑通り、事が進んでいく。

一方、無血開城路線を牽引し、新政府に恭順の姿勢を示すことで寛大な処置を引き出そうとしてきた海舟の目論見は挫折した。寛大な処置を期待していた徳川家家臣からの風当たりは凄まじく、その憎悪を一身に浴びることになる。

駿河に国替えとなった徳川家が当面する緊急の課題は家臣の数を減らすことであった。徳川家の家臣つまり旧幕臣の数は、この年の四月の数字によると旗本が六千人ほど、御家人が二万六千人、ゆうに三万人を超えた。

ところが、七十万石の大名として抱えることが可能な家臣の数は、海舟が日記にも記しているが、せいぜい五千人と見積もられていた。二万人以上の家臣には、徳川家の籍を離れてもらわなければならない。

徳川家が静岡藩として駿河・遠江を与えられたことで、駿河・遠江の諸藩は上総・安房など房総半島に転封された。静岡藩に所領が引き渡されたのは八月以降のことだが、引き渡しが翌年にずれ込む事例もあった。転封を命じられた駿河・遠江の諸藩にとっては青天の霹靂《へきれき》で、お国替えに伴う出費も莫大だった。そうした事情は静岡藩も同じである。

徳川家では収入の激減を受け、六月に入ると蔵米取《くらまいどり》の家臣に俸禄停止つまり給与ストップを通告する。蔵米取とは現物の米で給与を支給された家臣のことで、徳川家でも家臣の大半は蔵米取だった。ちなみに、所領地を持つ家臣は知行取《ちぎょうどり》という。

その上で徳川家は家臣に対し、今後の身の振り方として三つの選択肢を提示する。

①明治政府に帰順して朝臣となる、つまり政府に出仕する。

②徳川家にお暇願いを出して、農業や商売をはじめる（帰農・帰商）。
③無禄覚悟で新領地静岡に移住する。

政府に帰順する場合は、幕府から拝領した屋敷はそのまま与えられた。幕臣時代の禄高もそのまま。給与も住む家も安堵《あんど》された。禄高は後に大幅にカットされるが、賊軍とされた割にはかなりの好条件だった。徳川家臣団の分断をはかる政治的思惑もあっただろう。

新生徳川家が改めて召し抱えようとした五千人というのは、財政面を担当する勘定方の役人や家政向きを取り扱う役人、そして陸軍部隊だった。二万人以上の家臣はリストラせざるを得ず、身上が十分の一に縮んだ徳川家としては、できるだけ多くの家臣が新政府に仕えることを望んでいた。

ところが、徳川家や国替えの事務を執る海舟にとって想定外の事態が起きてしまう。

運命の分かれ道

海舟たち徳川家当局が望んだ第一の選択肢だが、旗本・御家人合わせて五千人弱が徳川家の籍を離れて政府に仕えている。千石以上の上級旗本に帰順者が多かった。

第二の選択肢である帰農・帰商の道を選んだ家臣は四千五百人ほどだった。この場合も徳川家とは縁が切れ、主君と家臣の関係ではなくなる。その大半は農業でなく商売をはじめたが、失敗する事例が非常に多かった。いわゆる「士族の商法」に終わる。

徳川家の籍を離れたのは一万人にも満たなかったが、彰義隊の戦いは終わっても、まだ戊辰戦争の最中だった。徳川家の恭順方針に反発して江戸を脱走し、政府に抵抗し続けた家臣も多かった。脱走した家臣は、その段階で事実上徳川家の籍を離れていた。

それらの数字を差し引いても、家臣の数は一万人をかなり超えたが、彼らが選んだのは第三の選択肢である無禄移住の道だった。この道を選択した家臣の数が最も多く、海舟たちが想定した数の倍以上にも達した。

政府に仕えることを良しとしない空気は、徳川家家臣の間で非常に強かった。朝臣となった元家臣を裏切り者扱いし、白眼視したのである。こうした空気は魚屋や八百屋も共有していた。政府に身を売った元家臣の家には、魚も野菜も売らなかったという。

ただし、どれだけの家臣が確固たる信念を持って徳川家に仕える道を選んでいたのかということになると、実際のところはかなり疑わしい。政府への反発はあったが、自分の取るべき道が分からず、徳川家の家臣でいれば何とかやっていけるのではと思い、無禄移住を願った者がかなり多かった。いきなり、天下の御直参の座から転げ落ちた立場としては、仕方のない選択だろう。

結果から見れば、同僚だった家臣から裏切り者扱いされても、政府に出仕するのが賢明な選択だったが、明治政府と言っても誕生したばかりで、その基盤はまだまだ脆弱《ぜいじゃく》である。この先どうなるか分からない。帰農・帰商の道を選択するのも未知の分野であり不安だ。残る道を選択するのが一番自然であった。

しかし、徳川家としては、無禄でも良いから家臣の列に加えて欲しいと希望する者が家臣の過半を占めたのは、大きな計算違いだった。到底、そんな大人数を家臣として召し抱える余裕はないが、静岡まで付いてきた家臣を無禄のままというわけにもいかない。俸禄を与えるとなれば、財政逼迫《ひっぱく》は火を見るよりも明らかである。

そこで、石を食っても砂を噛んでも主君と一緒にどこまでもと主張する家臣たちに対し、今はそうは言うが、結局藩主に迷惑を掛け、自身も生活苦に陥る、お互いに不幸となるのは明らかだ、徳川家の籍を離れて新たな奉公先を見つけ、銘々自活の道を探って欲しいという趣旨の通達を二、三度出したが、無禄移住の希望者は減らなかった。

そうこうするうちに、静岡藩は七十万石の限界を越える数の家臣を静岡に連れて行かざるを得なくなる。政府が海舟たち徳川家当局に対し、早く静岡に移るよう強く督促してきたからである。

移封事務を執る海舟

彰義隊の戦いから約二カ月後の七月十七日、政府は江戸を東京と改める。江戸はもはや徳川将軍家の御膝元ではないという政府の強い意思が示されたが、明治天皇の東京行幸（東幸）、そして東京遷都の準備が水面下では始まっていた。

九月八日には、慶応が明治と改元される。同二十日には、天皇が京都を出発し、十月十三日に東京に入る。江戸城は東京城と改められ、皇居としての歴史がはじまる。江戸改め東京が、将軍のお膝元から天皇のお膝元となるレールが敷かれていく。

こうしたタイムスケジュールのなか、政府は東京を首都とする国家作りを急ピッチで進めたが、役所の用地や役人に与える屋敷の確保は不可欠である。そこで目を付けたのが皇居となる江戸城周辺に展開する旗本や御家人の屋敷だ。もともとは幕府から拝領した屋敷だった。

そもそも、政府に仕える意思のない徳川家の家臣たちが東京の屋敷に大勢居座ったままでは、大いに不安を感じざるを得ない。その家族の数も含めれば、数万人以上にも達したはずだ。

そこで、政府に仕える家臣には屋敷の所持をそのまま認めるが、仕える意思のない家臣の屋敷は没収する方針を打ち出す。第一の選択肢を選んだ家臣は屋敷にとどまってもよいが、第二と第三の選択肢を選んだ家臣には立ち退きを求めたのである。

九月に入ると、十月中には該当する屋敷をすべて引き渡すよう静岡藩に厳命する。期限を切られたのだ。天皇の東幸が近づいていた以上、政府に仕える意思のない徳川家の家臣たちには、できるだけ早く東京を立ち退いてもらいたいところだった。

こうして、海舟たち徳川家当局はリストラを充分にできないまま、当初予定の三倍近くの家臣を静岡に連れて行かざるを得なくなる。静岡藩の財政にとって重い負担となるのは避けられなかった。徳川家から家臣の引き取りを期待された政府にしても、財政に余裕があるわけではないから、多くの家臣を召し抱えることなどできない。五千人近くもの徳川家家臣が朝臣を希望してきたのは想定外だったろう。当初の約束は反故にされ、俸禄の大幅カットは時間の問題となる。

江戸城を取り上げられた徳川家は静岡に移るまでどこにいたのか。

政府は江戸城の代わりとして、越後高田藩主・榊原家の神田小川町屋敷を与えた。海舟は小川町の静岡藩邸に詰め、移封の準備に当たった。

藩主徳川家達が江戸を出立して静岡に向かったのは八月九日のことである。陸路で進んだ家達一行が静岡に入ったのは同十五日。以後、静岡藩士となった徳川家臣団は陸路や海路で静岡に向かう。家族も含めれば数万人の移動だ。これほどの規模での藩士の引っ越しなど、後にも先にも例はない。その上政府からの督促もあり、徳川家としては速やかに藩士たちの移住を完了させる必要があった。

そのため、外国商船をチャーターして品川沖から駿河清水港まで送り届けることになった。船ならば大量の人数を一～二日で運べるからである。船賃などは藩が負担した。陸路の場合は自己負担だった。

慶喜に向けられた海舟の憤懣

海舟も東京を離れる時がやって来る。

十月十一日、海舟は浅草の東本願寺に向かった。東本願寺は、海路で駿河に向かう家臣とその家族たちの集合場所となっていた。

翌十二日、海舟たちを乗せた船は清水港に入る。その後は陸路で静岡へ向かい、登城した海舟は家達に拝謁している。この後何回かに分けて、静岡藩士と家族たちは海路で駿河に入った。十一月初めには、陸海路組とも移住を完了する。

水戸に隠退していた慶喜だが、家達に先立ち静岡に移っていた。七月二十三日に静岡城下の宝台院に入り、謹慎生活を再開する。

海舟は静岡に移るまでの間、徳川家への補助を少しでも政府から引き出そうと奔走していた。七十万石への大減封は甘受したが、このままでは引き下がれなかった。家臣たちの怒りが自分に向けられていたこともあった。ただ、気心の知れている西郷は東京を不在にしており、その盟友である大久保利通を交渉相手に定める。

大久保に交渉した結果、清水徳川家の所領十一万石が静岡藩に与えられた。清水徳川家は徳川御三卿の一つで慶喜の弟昭武が当主であったが、兄にあたる水戸藩主徳川慶篤の急死に伴い水戸家を継ぐことになっていた。そのため、清水家は当主不在となるが、海舟はこれに目を付けたわけである。

大久保としては天皇東幸が間近に迫っており、徳川家にはできるだけ早く東京を立ち退いてもらいたかった。それをスムーズに進めるため、静岡藩に清水領を与えることを決めたのだろう。移封費用を補助した格好だ。

その折、海舟は慶喜の謹慎解除も大久保に嘆願したが、この願いは認められなかった。時期尚早ということだろう。海舟は徳川家のため、慶喜のため命懸けで奔走していたが、そんな海舟の気持ちを逆撫でにする噂が耳に入る。十一月六日のことである。

静岡に向かう前、海舟は海路組の第一陣に加わるため東本願寺に立ち寄ったが、海舟が船に向かった後、政府の兵士が踏み込んできた。これまで海舟は政府に様々な建白を行っていたが、その内容は嘘ばかりであるから捕えて取り調べるというのであった。

事情はよく分からないが、政府内で海舟に反感を持つ者の差し金だったことは間違いないだろう。江戸無血開城以来、政府は海舟のしたたかな交渉術に翻弄され続けてきた。軍艦と兵器、すべては引き渡せない、徳川家所領は一切没収しないでほしいなどと申し出ていたが、政府側からすれば虫の良すぎる嘆願だった。

政府部内で海舟への反感が高まるのは避けられなかったが、それは覚悟の上の交渉であった。襲われそうになっても仕方ない。

しかし、そんな東本願寺での一件を耳にした慶喜の言葉には、さすがの海舟も耳を疑わざるを得なかった。

「政府と気脈を通じる海舟が、示し合わせて一芝居打ったのでは？」と語ったというのだ。

当時、海舟は徳川家家臣からの憎悪を一身に浴びていた。そんな状態で静岡に行っても、何かとやりにくい。だから、政府と打ち合わせの上で、自分が政府から敵視されている様子をアピールし、家臣たちの反感を和らげようと狙ったに違いない——。

慶喜が本当にそんなことを言ったかどうかは分からないが、憤懣やるかたない海舟が十一月六日の日記にこの件を書き留めたのは事実である。徳川家から永久に去ってしまいたいとまで書いている。江戸開城の際、自分の交渉術を叱責した慶喜の前で不満を爆発させたことも甦ってきたのだろう。真偽はともあれ、二人の関係がぎくしゃくしていたことは間違いない。この複雑な関係は、海舟の死まで続くことになる。

海舟に小僧扱いされた栄一

慶応三年一月から清水徳川家当主の昭武に随行して日本を離れていた栄一が帰国したのは、慶応四年改め明治元年十一月三日のことである。一年十カ月ぶりの日本だった。

水戸藩主となることが決まっていた昭武と別れた栄一は、十一月七日に東京へ向かう。慶喜と昭武の実家である水戸藩の小石川上屋敷で帰国事務の処理にあたった。

東京では日本不在中の様々な出来事を知るに至る。見るもの聞くもの、すべてが不愉快であった。あるいは断腸の思いを抱かずにはいられなかった。渋沢一族が集結した彰義隊（振武軍）の顚末、そして養子平九郎の非業の死も知った。

そもそも、倒幕は自分たちが先鞭を着けたはずだったが、逆に幕臣の列に連なった結果、今や亡国の臣であった。ヨーロッパ諸国を歴訪したものの、フランス留学は中止となり、何一つ学べないまま空しく帰国した。有為《うい》転変《てんぺん》の世の中であると嘆息せざるを得なかった。

事務処理にあたる一方、栄一は小川町の静岡藩邸にいた海舟と対面を果たす。政府と静岡藩の間を取り持つ立場にあった海舟は、当時東京と静岡の間を行き来したが、栄一は海舟と会った時のことを次のように回顧している。

当時、徳川家が朝敵名義で懲罰にならずに済み、静岡一藩を賜はるやうになつたのも畢竟《ひっきょう》勝伯（筆者注・海舟は後に伯爵になる）の力である。又勝伯を殺さうとするものが幕臣中に数多くあるに拘らず、何れも伯の気力に圧せられて近づくことが能《で》きぬなぞと、伯の評判は実に嘖々《さくさく》として喧《かまびす》しいもので、私も亦《また》当時は些《いささ》か自ら気力のあることを恃《たの》みにして居つた頃であるから、気力を以て鳴る伯とは好んで会つたものである。然《しか》し、当時の私と伯とは全然段違ひで、私は勝伯から小僧のやうに眼下に見られ、民部公子（筆者注・昭武のこと）の仏蘭西引揚には、栗本のやうな解らぬ人間が居つたんで嘸《さ》ぞ困つたらう、然し、お前の力で幸ひ体面を傷けず、又何の不都合もなく首尾よく引揚げられて結構なことであつた、などと賞められなんかしたものである。
（デジタル版「実験論語処世談」〈3〉）

栄一はフランスから帰国したばかりの二十八歳（満年齢）の青年。かたや海舟は十七歳年上の四十五歳。壮年で気力漲《みなぎ》る時期である。江戸無血開城を成し遂げた人物として、その名は天下に轟《とどろ》いていた。栄一はその雷名に惹かれ、この時期海舟と何度となく会っている。同じく気力漲る頃であったと自負する栄一は、似た者どうしゆえ、海舟に強い関心を抱いたのだ。

しかし、海舟と対面した栄一は不愉快な思いを味わう。

後に栄一も日本を代表する経済人として雷名を轟かせるが、この時は幕臣の一人に過ぎず、徳川家代表の海舟とは比較にならなかった。そのためか、海舟は栄一を見下して小僧扱いしたという。二十歳近く年が離れていたことも理由だろうが、栄一のプライドは大きく傷付けられた。

栄一にしても、維新の際の海舟の功績は認めていた。胆力も称賛している。抗戦を主張する幕臣たちの動きを抑え込んだことで、海舟の命を狙う者は少なくなかったが、その気力に圧倒された刺客は命を奪うことができなかった。

栄一は功績と胆力は認めていたものの、小僧扱いされたことで心中穏やかではなかったのは、この回顧からも明らかである。

海舟の眼にどう映っていたのかは分からないが、栄一からすると、自分に向けられた視線は「上から目線」と感じざるを得なかった。晩年、海舟は西郷をはじめ同時代の様々な人物についてざっくばらんに語っている。好き嫌いも隠さなかったが、筆者の知る限り栄一に関しては何も語っていないのは興味深いところである。意地悪な見方をすれば、あたかも眼中にはないかのような扱いと言えなくもない。

冒頭で触れたとおり、栄一は海舟のことを、すぐれた見識を持ち凡庸の器ではないと評価するものの、維新の三傑に比べて一段低く位置付けていた。その裏では、小僧扱いされた栄一の複雑な感情が蠢《うごめ》いていた。

栄一と海舟の複雑な、あるいは不幸な関係はこの時にはじまる。

なお、海舟は前掲書で、昭武（「民部公子」）のフランスからの帰国の件に関連して、幕府で外国奉行を勤めた栗本鋤雲《じょううん》（「栗本」）の人物評を披瀝している。フランスで栄一と一緒だった栗本は、海舟と政治的立場が異なっていた。

幕府内でフランス通として知られた栗本は、海舟の政敵小栗忠順と政治信条が共通していた。朝廷（天皇）や諸藩の動きを抑えて将軍の絶対君主化つまり大統領化を目論む小栗は、そのためにはフランスに軍事・資金援助を要請することも辞さない親仏派官僚の代表格であった。

栗本も小栗に連なる親仏派官僚の一人だったが、小栗たちの政治構想は国内の混乱に外国勢力の介入をみずから進んで招くものとして、海舟は強く反発していた。

一方、海舟は幕臣でありながら薩摩藩などが主張する雄藩連合論に理解を示す立場だった。それまでの徳川将軍家をトップとする政体からの変更を求める構想であるから、小栗や栗本たちからは敵視される。栗本が渡仏していたのも、フランスからの援助について交渉するためだったが、幕府瓦解も相まって失敗に終わることになる。

（4）静岡での栄一と海舟

困窮藩士たちの生活を援助する

帰国した栄一は静岡藩士としての道を歩むことになる。静岡藩の実権を握っていたのは中老格で版籍奉還後は権大参事に就任する大久保一翁である。前章で述べたように、無名時代の海舟が登用されるきっかけを作った人物で、海舟の良き理解者だった。

目付、御側御用取次、勘定奉行などの要職を歴任した大久保は慶喜が江戸に逃げ帰ると会計総裁に任命され、海舟とともに徳川家を代表する立場となる。幕臣たちの抗戦論を押さえ込み、江戸無血開城に奔走した。静岡藩が誕生すると、政府と静岡藩の間を取り持つ立場にあった海舟と協力しながら静岡藩政を取り仕切る。

海舟は山岡鉄舟とともに幹事役に就いた。藩政に直接タッチするのではなく、藩内の調整役といったところである。

駿河に無禄覚悟で移住してきた一万人以上にも及ぶ藩士たちはどうなったのか。

当初予定の倍以上に藩士の数が膨れ上がったため、静岡藩は仕事のない藩士を大量に抱え込むことになった。やむなく、静岡をはじめ沼津・田中・浜松・掛川などの各城下に勤番組士として配属させたが、大人数であったため俸禄は実に僅かであった。

徳川家の籍を離れて農業や商売をはじめた家臣たちも、過半が復籍していく。帰農・帰商の道を選んだ四千五百人のうち、三千三百人以上が明治四年（一八七一）までに復籍した。要するに、転業に失敗したのである。その結果、同年八月段階での藩士総数は一万三千七百六十四人にも達した。大半が下級の勤番組士だった。

勤番組士の俸禄だが、幕臣時代の禄高が三千石以上だった藩士は五人扶持、千石以上は四人扶持、五百石以上は三人扶持、百石以上は二人半扶持、二十俵以上は二人扶持、二十俵以下は一人半扶持が与えられた（一人扶持は年間で一石八斗に相当）。

大幅な給与カットだが、高禄の家臣ほど削減率が大きかった。三千石以上だった藩士などは、年間で九石の米しか支給されない計算であった。

「無禄でも構わない」ということで移住してきた以上、扶持米を支給されるだけでも藩士たちには御《おん》の字のはずだが、これで家族や家臣を抱えて生活するのは難しかった。後に扶持米は二〜三倍増額されたが、とても足りなかった。

大半の静岡藩士は、その日の食べ物に困るほどの窮状に陥っていく。住宅事情もたいへん悪く、農家の小屋を借りて住居とする例も珍しくなかった。城下が藩士でいっぱいだったからである。

海舟はこの頃から、自腹を切って三両、十両、あるいは五十両という額を生活難の藩士たちに渡しはじめる。息子小鹿《ころく》のアメリカ留学費として貯めた二千両に手を付けたのだが、やがて海舟が自分の金銭を渡していることが徳川家に知れる。徳川家では手元から密かに資金を渡し、海舟による生活支援を支えた。

藩に生活支援を求めず、自活の道を選んだ藩士もいる。荒地を開拓して茶畑を作ろうとしたのはその一例だ。艱難辛苦《かんなんしんく》の末、静岡藩士たちが開墾した金谷原《かなやはら》の荒地すなわち牧ノ原台地は茶畑として生まれ変わる。のちに静岡茶の産地として広く知られることになるが、海舟のバックアップも大きく与《あずか》っていた。

謹慎解除への「奇策」

明治元年十一月九日に政府は海舟と大久保一翁に対して、至急東京に出てくるよう命じる。

用件は静岡藩のことではなかった。榎本武揚率いる徳川家の艦隊が蝦夷地を拠点に政府への対決姿勢を示していたため、徳川家をもって榎本を討たせるという策が政府内で急浮上したのである。

つまり、榎本討伐軍の大将として慶喜を起用する案が持ち上がる。主君が出陣してくれば榎本も帰順するに違いないという読みであった。奇策と言ってよいが、政府からすると、夷《えみし》を以って夷を制するといったところだ。

仮に慶喜が起用されれば、自動的に慶喜の謹慎は解かれる。海舟の念願も叶う。結局のところ、慶喜起用案は政府内で反対論が噴出して実現には至らなかったが、この件で海舟と大久保は呼び出しを受けたのである。

その後も、海舟は東京と静岡の間を往復して政府との交渉にあたった。政府のトップである輔相の三条実美や岩倉具視との接触もはじまる。慶喜への感情を押し殺し、その謹慎解除を引き続き嘆願するが、逆に政府は海舟を静岡藩から引き抜こうとしはじめる。翌二年（一八六九）七月十八日、海舟を外務大丞に任命した。

即座に海舟は辞意を表明する。徳川家の大減封を招いてしまった海舟としては、政府に仕えることなど到底のめる話ではなかった。静岡藩士たちが、またも猛反発するのは火を見るよりも明らかであった。

もちろん、海舟には政府に仕える気持ちなどなかったが、出仕せよとの政府からの働きかけを逆利用する。慶喜の謹慎を解いてもらえれば、その話は考えなくもないという素振りをみせた。海舟一流の交渉術だ。

九月二十八日に、政府は慶喜の謹慎を解いた。既に箱館五稜郭に籠っていた榎本は降伏し、戊辰戦争は終了していた。慶喜は宝台院を出て、静岡城下の紺屋町にあった元代官屋敷に居を移す。夫人の美賀子も呼び寄せている。

十一月二十三日、海舟は兵部大丞に任命されるが、これも即座に辞意を表明する。十二月末に静岡へ戻った海舟は退身したいと願い出て、幹事役を退いた。慶喜の謹慎解除も認められたことから、自分の役目は終わったと考えたのだろう。

しかし、幹事役を退いたとはいえ、その後も非公式の形で藩政の相談に与っており、静岡藩には強い影響力を持ち続ける。一方、政府からは東京に出てくるよう何度も催促を受けるが、出仕はあくまでも固辞した。

慶喜との涙の再会

フランス滞在中に幕臣から亡国の遺臣に転落した栄一は、今後の身の振り方について、どう考えていたのか。

従兄弟の成一郎のように箱館の榎本のもとに駆け付けるつもりはなかった。もちろん新政府に仕える気もない。新政府に仕えることを良しとしない思いは他の幕臣と同じだった。かといって、幕臣の大半が選択した静岡藩士への道を選ぶつもりはなかった。生活に窮して憐れみを乞うような生き方と考えていたからだ。

したがって、静岡に移住して新たに農業や商売をはじめる決意だった。徳川家が家臣に提示した二番目の選択肢である。

静岡藩の禄を食《は》まず、あくまでも自活するというわけだが、結局、静岡移住を決めたのは恩寵を受けた慶喜の行く末を近くで見守りたい気持ちからであった。静岡に行けば何か仕事があるかもしれないし、何もすることがなければ農業をするまでのことと割り切っていた。

十二月十四日、栄一は東京を出立して静岡に向かった。同十九日、静岡到着。翌二十日に駿府城へ登城した。

栄一は昭武の慶喜宛て書状を預かっていた。昭武としては直接対面したいところであったが、慶喜は謹慎中の身であり、それは憚られた。そこで、栄一を使者として書面を届けさせ、書面では書き切れない思いを口頭で伝えようとしたのである。

栄一が藩当局に差し出した昭武の書状を読んだ慶喜は、特別に拝謁を許す。城下の宝台院に謹慎中の慶喜に拝謁したのは二十三日のことだが、座布団も敷かず畳の上に直接座る慶喜の姿を見た栄一は平伏したまま、しばらく頭を上げられなかった。涙ばかりが流れた。

栄一は昭武の名を借りて、フランスから新政府との決戦を迫ったのだが、慶喜はその道を採らなかった。とても前将軍とは思えない姿を目の前にして、栄一は悲憤慷慨するとともに、一言言わずにはいられなかった。だが、慶喜はそれをさえぎる。フランスでの昭武の様子を報告するよう命じた。

拝謁を終えた後は慶喜からの昭武宛て返書を預かり、水戸に向かう予定だった。帰国前、厚く信頼されていた昭武から水戸に来るよう強く求められていたのである。昭武としては、気心の知れた栄一が近くにいれば心強かっただろう。このとき慶喜の返書を水戸へ届けていれば、水戸藩士としての道を歩んだかもしれない。

いずれにせよ、昭武宛て返書を預かり、すぐにでも水戸に向かいたかったが、翌二十四日、藩庁から呼び出しがかかる。出頭したところ、勘定組頭を命じるという辞令書を渡された。静岡藩士に取り立てるという。

だが、栄一としては慶喜の返書を預かり、水戸の昭武に届ける方が先だった。組頭職を拝命する前に水戸に向かいたいと申し出たところ、返書は別の者に持たせるので、水戸に行くには及ばない。それよりも勘定組頭の職を請けて欲しいと要請された。これは慶喜の意思でもあったが、憤激した栄一は辞令を投げ出してしまう。

静岡藩の財政再建に挑む

栄一がここまで怒ったのも無理がない。

自分は静岡藩士として取り立てられたいがために、つまりは再就職運動のために来たわけではない。静岡に来たのは昭武の書状を届けるためで、任務を果たした後は静岡藩の禄を食《は》まずに自活し、慶喜の行く末を見守る所存だ。生活に窮し、あたかも憐れみを乞うようにして無禄移住してきた藩士たちとは違う――。同じように扱われたことに我慢がならなかったのだ。

栄一を水戸に向かわせようとせず、静岡で藩の仕事をさせよという慶喜の指示は自分の帰りを心待ちにしている昭武の気持ちを踏みにじるもので、不人情である。そんな慶喜を諫《いさ》めない藩も同様だ。徳川家はそういう人情の機微が分かっていない者たちばかりであるから、慶喜は朝敵の汚名を受け、所領も大減封されたのだ。

栄一の権幕に驚いた藩当局は、中老格の大久保一翁が事情説明にあたる。静岡で藩の仕事をせよという藩命の裏には、次のような慶喜の深い考えがあったことを伝えられた。

栄一を是非とも水戸藩士に取り立てたいという掛け合いが静岡藩には来ていたが、昭武が栄一を重用してしまうと藩士たちの嫉妬を浴び、生命の危険も生じかねないことを慶喜は危惧したという。当時水戸藩政は混乱していた。

したがって、静岡藩の方で栄一を必要としていると水戸藩に伝えよ。また、慶喜からの返書を水戸へ持参させてしまうと、昭武への情にほだされて水戸藩への仕官を承知する恐れがあるので、他の者に持参させるようにというのが慶喜の考えなのである――。

大久保から事情を聞いた栄一は深く恥じ入り、その意思に従って静岡にとどまることを承諾した。十二月二十三日に「勘定頭支配同組頭格御勝手懸り中老手附」を拝命し、静岡藩士に取り立てられる。血洗島村から家族も呼び寄せ、静岡藩士としての日々がはじまった。

身上を超える藩士を抱えた静岡藩は誕生直後より深刻な財政難に苦しんでいたが、そんな折、慶喜のお声懸かりで勘定方の仕事に従事することになった栄一は、商法会所の設立を建議する。みずから、その頭取となった。

明治二年一月に設置された商法会所は駿河・遠江二カ国の豪農商に拠出させた資本と政

府からの拝借金を元手に、営利事業を手広く展開する。米穀などの日用品を藩内に販売する一方で、藩の主要産物である茶や漆器などを藩外に販売した。商品を抵当として金融活動も展開した。手広く商業・金融活動をおこなうことで、商法会所は八万六千両もの利益を上げる。

ところが、商法会所を通じた静岡藩の営利事業は明治政府に目を付けられる。政府としては、旧幕府である静岡藩が富強化するのは望ましいことではなかった。八月に入ると、静岡藩は商法会所を廃止し、「常平倉《じょうへいそう》」という名の施設を改めて設置する。名称を変更して実務も商人に任せる形を取り、静岡藩士が前面に出ないように配慮した。

このように、栄一が設立・推進した商法会所の事業は大きな成果を上げた。明治の実業界を牽引することになる栄一ならではの手腕が発揮されたが、いきおい藩外から注目されるのは避けられなかったのである。

第四章

幕臣が支えた近代国家

——明治政府に出仕する二人

（1）引き抜かれる静岡藩士たち

静岡藩は人材の宝庫

栄一はじめ幕臣たちの大半が背を向けた明治政府は、誕生直後から人材難に苦しんでいた。国政を担当したことのない薩摩・長州藩を主体とする以上、それは当然の成り行きだった。窮した政府は諸藩から優秀な藩士を官吏として引き抜くが、最も熱い視線を注いだのは皮肉にも旧幕府つまり静岡藩なのである。

静岡藩は財政難に苦しんでいたものの、それまで国政を担当していた幕府が母体である以上、諸藩のなかでも人材は圧倒的に豊富だった。明治政府の母体である薩摩・長州藩に比べて幕府の人材は枯渇していたというイメージは今なお強いが、それは事実ではない。政府は人材の宝庫だった静岡藩に目を付け、国政を担うに足る優秀な藩士を次々と引き抜く。栄一も引き抜かれた一人だが、一連の引き抜きに深く関与したのが海舟であった。

静岡藩には政府や他藩から注目された二つの教育機関があった。静岡学問所と沼津兵学校である。

明治元年九月、駿府城四ツ足門内の定番屋敷に静岡学問所が設置された。定番屋敷とは、駿府城代とともに城の警備にあたった駿府定番が詰めていた屋敷だ。静岡学問所は府中学問所、静岡学校とも称された。

その責任者に任じられたのが静岡藩少参事の津田真一郎たちだった。津田真一郎とは後の津田真道《まみち》のことである。美作国《みまさかのくに》津山藩士から幕臣に抜擢された人物で、洋行経験があった。蕃書調所の教授手伝を勤めていた頃、オランダ留学を命じられるが、その時津田とともにオランダに留学したのが西周《にしあまね》、赤松則良、榎本武揚たちである。

津田は帰国後、蕃書調所改め開成所の教授職に引き上げられて幕臣に登用された。幕末になると、幕府は学問や技量に秀でた藩士を幕臣として次々と登用しており、福沢諭吉もその一人だった。元治元年（一八六四）十月、豊前《ぶぜん》中津藩士から外交部門を担う幕臣（旗本）に抜擢されている。

明治維新後、津田はそのまま静岡藩士に転じる。廃藩置県後は西洋の思想や学問の啓蒙活動を展開する「明六社」の同人の一人となった。幕臣仲間の福沢や西たちも同人であった。

静岡学問所では、英語・仏語・蘭語・独語の学習コースが設けられていた。いわば、開成所がそのまま静岡に移ってきた格好である。津田と同じく洋行経験のある藩士たちが教授陣に名を連ねた。

明治元年十二月には、沼津兵学校が沼津城下に設置される。頭取に任命されたのは、津和野藩士から幕臣に抜擢された西周。国際事情に詳しい西は、大政奉還の頃は慶喜の政治顧問のような存在だった。

沼津兵学校は旧幕府陸軍の士官たちが教員を勤めており、当初は陸軍士官学校のような性格を有していた。しかし、西は政律・史道・医科・利用の四科を新設することで、文官の養成も目指す総合大学のような機能を持たせる。

静岡学問所と同じく、洋行経験のある藩士が教授陣に名を連ねた。特に数学教育では定評があり、沼津兵学校の生徒と言えば数学に長じているとの評判を取ったほどだ。

兵学校の教官は文明開化の先端を行っており、髷《まげ》を落として散髪（ざんぎり髪）にしている者が多かった。食生活でも、牛肉を好んで食べた。その影響を受けてか、沼津の町自体もハイカラな雰囲気に覆われていたという。

薩摩藩もお手本にした沼津兵学校

いわば開成所の系譜を引く静岡学問所と沼津兵学校は、時代の最先端を行く教育機関として、他藩から熱い視線が注がれた。とりわけ沼津兵学校には全国の諸藩から視察者が訪れ、留学希望者も殺到する。

静岡藩の優秀さに注目し、静岡藩士を招聘する動きも盛んだった。静岡藩では諸藩の要請に応じ、英学や洋算、フランス式の調練を教授する者を派遣した。

静岡藩から派遣された藩士は、「御貸人」と呼ばれた。明治四年（一八七一）八月時点で、その数は二百五十六人にも達する。もともと他藩に顔が広かった海舟は、「御貸人」の選定や推薦にも深く関与していた。

特にフランス式の調練指導は需要が大きかった。明治三年十月に陸軍はフランス式、海軍はイギリス式に統一するようにという通達が政府から諸藩に出されたからである。幕府はフランス陸軍の士官を招いて、長州征伐でも活躍した歩兵隊にフランス式の調練を施しており、フランス式調練となれば旧幕府つまり静岡藩が第一人者だった。

沼津兵学校の教員を派遣して欲しいという諸藩からの要請も多かった。同じように英学や洋算、フランス式の調練を教授する者が派遣され、その数は六十カ所で計百七十名に達した。倒幕派の首魁《しゅかい》だった薩摩藩にも派遣され、静岡藩を模範とする教育改革が実施される背景となっている。政府の中核である薩摩藩さえモデルとするほど、静岡藩は時代の最先端にいた。

このように、静岡藩は全国から注目される存在だったが、注目したのは他藩だけではない。政府も熱い視線を送っていた。沼津兵学校には、彰義隊の戦いで名を上げた兵部大輔の大村益次郎も視察に訪れた（樋口雄彦『旧幕臣の明治維新』吉川弘文館）。

静岡藩の母体である幕府が実は近代化が最も進んでいたと、明治に入ってから奇しくも証明された形なのである。明治政府の主体である薩摩・長州藩の方が先進的で、幕府が後進的だったというのが一般的なイメージだが、これもまた事実ではない。

しかし、政府から注目を浴びたことで、静岡学問所や沼津兵学校は終焉《しゅうえん》に向かう。海舟はそれに手を貸す歴史的役回りを演じていくのである。

明治元年からの天朝御雇

政府からの出仕要請に応じることは、当時「天朝御雇《おやとい》」と称された。そうした動きは、明治元年からはじまっていた。

この年の十二月十二日に、沼津兵学校の絵図方を勤めていた川上冬崖《とうがい》が出仕している。川上は信濃松代藩の農民の家に生まれたが、江戸に出て幕臣川上家の養子となる。その画才により蕃書調所に絵図調役として勤務すると、西洋画の研究に没頭した。同所に画学局が設けられると後進の指導にあたったが、弟子には明治に入って洋画家として名を上げる高橋由一《ゆいち》たちがいる。出仕のため静岡から東京に出た川上は、開成所の後身である大学南校や陸軍士官学校で教鞭を執ることになる。

明治二年にも数名出仕したが、三年に入るとその数は激増する。榎本武揚たちとオランダで海軍を学び沼津兵学校では教授を勤めた赤松則良が、三月十三日に兵部省に出仕している。

赤松が兵部省に出仕するに際しては海舟の勧めがあった。政府出仕の話に迷っていた赤松の背中を海舟が押したのだが、同年六月九日に兵部省から民部省に移されてしまう。民部・権少丞《ごんのしょうすけ》を拝命したが、畑違いの分野に困惑した赤松は海舟に相談する。海舟が政府に赤松の転任を求めた結果、九月二十七日に赤松は海軍兵学校大教授に転じ、以後海軍畑で累進することになる。

その一週間前の九月二十日には、兵学校頭取の西周を至急上京させよという政府の命令が静岡藩に届いていた。二十四日に上京した西はその日、元同僚の赤松の家に宿泊する。翌二十五日、西が小川町の静岡藩邸に出頭したところ、海舟のもとを訪ねるよう指示された。当時兵部省の実権を握っていたのは長州藩出身の山県有朋《ありとも》と山田顕義《あきよし》だが、海舟はこの二人から優秀な人材を推挙して欲しいと依頼を受けていた。そこで、西を兵部省に推薦しようと、静岡から呼び出したのである。

西は驚くが、海舟の推薦を受けての政府出仕の話には逆らえない。二十八日、兵部省出仕の辞令を受け取る。

以後、西は沼津兵学校から離れ、兵部省翻訳局に勤務する。その後、兵部省から分離して誕生した陸軍省に籍を置き、明治十五年（一八八二）に告示された「軍人勅諭」の起草にも関わった。静岡学問所の運営に当たった津田真道も、この頃政府に出仕している。出仕先は司法省だった。新律綱領の編纂など、法律整備に尽力した。

引き抜きの黒幕だった海舟

西の推挙に象徴されるように、政府による静岡藩士の引き抜きに海舟は深く関与していた。黒幕的な存在であったが、政府と静岡藩の間の微妙な政治的関係が背景にあった。

後に大久保一翁が栄一に語ったように、徳川家が政権奪還を企てているのではないかと政府に疑念を持たれることを静岡藩は非常に恐れていた。政府の求めに応じて優秀な人材を提供しないと、何か含むところがあるのではないかと勘繰られるというわけだ。

徳川家当局にはそんな裏事情があったが、海舟に言わせれば、静岡藩の次元ではなく国家の次元で藩士を政府に推挙したということだろう。幕臣でありながら幕府の存続よりも日本という国家の独立を重んじた、それまでの海舟の政治行動と相通じる対応である。

しかし、西や津田が政府に引き抜かれたことで、静岡学問所や沼津兵学校は終焉を迎えてしまう。

静岡藩は西が抜けた後、沼津兵学校の献納を政府に願い出る。教授陣が手薄になったからであるが、兵学校の運営が藩財政の重荷になっていたことも大きな理由だった。兵学校の教育内容は時代の最先端を行っていたが、その分莫大な経費が掛かったことは見逃せない。時が下るにつれ、政府に登用される静岡藩士の数は増加するが、廃藩置県で静岡藩が消滅すると、その流れは決定的なものとなる。沼津兵学校については、教員だけでなく学生たちも官吏への道を歩む事例が多かった。

明治十年（一八七七）の数字によれば、政府官員五千二百十五人のうち静岡・東京出身者は千七百五十五人にも及んだ。静岡・東京出身者とは静岡藩士、その母体となった旧幕臣を指すが、彼らが官吏の約三分の一を占めたのだ。

官吏と言っても勅任官や奏任官など高級官僚は薩長土肥の四藩出身者が独占し、幕臣出身者は判任官など中級以下の官僚にほぼ限られた。しかし、政府の実務を支える官僚層は幕府の遺産に大きく依存していたことに変わりはなかった。

藩閥政治と批判された明治政府の土台は、旧幕臣たちが支えたのである。

(2) 近代化の先兵となった栄一

民部省租税正に任命される

海舟が仲介する形で、静岡藩士の逸材が政府に次々と出仕していったが、栄一の場合は海舟のルートではなかった。栄一を推挙したのは、一橋家家臣時代からの活躍ぶりを知っていた旧幕臣で大蔵省に出仕していた郷純造である。大蔵大輔の大隈重信は郷の推挙を受け、栄一を静岡藩から引き抜こうと目論む。彼の理財の才に白羽の矢を立てたのだ。

東京に出頭するように、つまり政府出仕の命が静岡藩を介して栄一に伝えられたのは明治二年十月二十一日のことである。突然のことに栄一は面食らうが、政府に出仕する気はさらさらなかった。商法会所の仕事が端緒についたばかりであることに加え、恩義ある慶喜の行く末を見届けながら静岡（藩）に骨を埋めるつもりだったからだ。そもそも慶喜を朝敵にした政府に好感など持ち得るはずもなく、政府出仕の命は有難迷惑でしかなかった。

栄一は権大参事の重職にあった大久保一翁に自分の気持ちを伝え、藩の方から出仕の話は断って欲しいと願い出るが、すぐさま上京するよう厳命される。

大久保に言わせると、仮に藩からそんなことを申し出れば、政府の命に背いてまで優秀な人材を提供しないのは、何か含むところがあるのではないかと疑われる。徳川家は捲土《けんど》重来《ちょうらい》、つまりは政府打倒を期していると勘ぐられる。静岡藩が栄一の出仕を拒むのは、そうした秘めた思いの表れと受け取られるのを懸念したのである。

幕府を倒した政府側からみれば、前政権の動きに警戒心を持つのは当然のことだろう。実際、政府に敵愾心《てきがいしん》を持つ幕臣は大勢いた。幕臣の大半が無禄でも静岡藩士であることを望んだのは、その何よりの証拠だ。政権交代から一年も経過していない段階では、なおさらのことであった。

あくまでも出仕を拒めば、藩主徳川家達に迷惑がかかる。やむなく、栄一は政府と静岡藩の間の微妙な政治的関係に配慮して上京することを承諾した。

しかし、大久保からの厳命にもかかわらず、出仕は拒否する考えだった。その意思を直接政府に伝え、静岡に戻るつもりであった。自分と政府の板挟みになっていた静岡藩の立場を考慮し、政府からの上京命令に表面上従っただけに過ぎなかったのだが――。

十月二十六日、栄一は静岡を出立し、十一月二日、東京に到着した。五日朝、皇居となっていた旧江戸城西丸御殿へ向かうと、「民部省租税正に任ずる」と申し渡された。現在で言えば財務省主税局長か、国税庁長官にあたる重職だが、任命された租税正とはどういう役職なのか、当の栄一は皆目見当がつかなかった。

なぜ政府出仕を承諾したのか

栄一が東京に出てきた頃、中央集権国家の樹立を目指す明治政府は、行政機構の整備を進めていた。この年の七月八日、左大臣・右大臣・大納言・参議によって構成される政府（太政官）のもとに、実務を担当する民部・大蔵・兵部・刑部・宮内・外務の六省が置かれ、薩長両藩のほか土佐・肥前佐賀藩の四藩（薩長土肥）出身の藩士が官僚として登用された。

六省のなかでも、佐賀藩出身の大隈率いる大蔵省は新橋・横浜間の鉄道敷設に象徴される近代化政策を次々と断行していたが、そのためには政府直轄地（府・県）における租税徴収の業務を掌握することが必要だった。新たな事業を起こすには財政的な裏付けが不可欠だが、租税業務を含め民政一般に関する業務は大蔵省ではなく、民部省の管轄下にあった。

明治初期の大蔵省＝国立国会図書館ウェブサイト

そこで、大隈は同省の吸収合併を目論み、八月十一日に両省は名前を残したまま合併する。いわゆる「民蔵合併」だ。大輔の大隈が民部大輔を、長州藩出身の少輔伊藤博文も民部少輔を兼ねたため、民部省の名前は残されたものの、事実上大蔵省への吸収合併であった。そして、大蔵省の管轄下に入った民部省租税司の長官たる租税正に抜擢されたのが栄一だった。

租税正は大蔵省が進める近代化政策の資金調達を担う役職

である。大隈はそれだけ栄一を評価していたが、政府に仕える気のない栄一は辞職して静岡に戻ろうと考えていた。そこで、民部大輔を兼ねる大蔵大輔の大隈に辞意を次のように伝えた。

自分には静岡藩でやりかけた仕事がある。今まで政府の仕事などしたこともない。そんな自分が今の職にとどまるのは至極迷惑であり、辞職を許可して欲しい――。そう願い出た。農民出身の栄一は領主に租税を納めた経験はあっても、徴収した経験などなく、何から手を付けてよいのか全く分からなかった。

ただ、大隈は非常に多忙だった。ゆっくり話すこともできないとして、十二月十八日に大隈邸で面談することになる。

当時、大隈邸は東京湾に面する築地にあった。旗本戸川安宅《やすいえ》の五千坪もの屋敷地を政府から住居として与えられていたが、実は生活の場にとどまらなかった。伊藤博文や井上馨たち大蔵省の開明派とも言うべき官僚たちが、近代化の議論を戦わせる場となっていたからだ。「築地の梁山泊《りょうざんぱく》」と称されることになる屋敷である。

この日の大隈との面談は長時間に及んだ。辞意を撤回するよう繰り返し求めた大隈に対して、栄一は次のような持論を述べた。

自分は最初、尊王倒幕論者だったが、はからずも一橋家に仕官して慶喜に重用された。徳川家譜代の臣ではないが、慶喜の恩寵を蒙《こうむ》った者である。自分の身は慶喜に捧げたのであり、今さら、そうした志を翻して明治政府に仕えることはできない。静岡の地で殖産興業に一身を捧げる覚悟だ――。

殖産興業とは政府による近代化政策の柱でもあった。

栄一は頑として出仕を拒否したが、そう簡単に引き下がる大隈ではなかった。大隈は慶喜の存在にこだわる栄一に対し、それを逆手に取った説得を展開する。

栄一が慶喜に義理立てして出仕を断ると、どういうことになるのか。世間では、慶喜が栄一を引き留めていると勘ぐるのではないかと突いた。

当初、栄一は静岡藩を通して政府からの出仕命令を断るつもりだったが、先に述べたように、優秀な人材を提供しないのは徳川家が政権奪還を企てているからと勘ぐられることを静岡藩は恐れていた。そうした政府の疑念は、いきおい慶喜に向けられる。前政権のトップであった以上、慶喜にその意思がなくても、反政府の頭目と見なされるのは避けられない。

大隈はそんな慶喜の立場を見透かした上で、栄一が義理立てしてあくまで出仕を固辞す

後年、神奈川県大磯町の伊藤博文(右)の別荘で会談する大隈重信(1897年ごろ)=©朝日新聞社

ると、世間はどう思うのかと突いてきた。慶喜による反政府活動の一環と誤解されても仕方ないのではないかと責め立てる。

栄一の泣き所を突いた後、大隈は一転して別の話題を切り出す。

明治維新といっても、全くゼロからのスタートである。薩摩・長州藩など諸藩の藩士たちが幕臣に代わって政府の役人となったものの、国政を担当した経験など誰も持っていない。佐賀藩士から大蔵大輔に転じた自分も同じであるとして、政府での仕事の経験がないから出仕は断るとした栄一の主張を論破してしまう。

そして、静岡藩の仕事も大事だが、政府の仕事に携わった方が国家のためにどれだけ意義があるか分からないとして、翻意を促す。その上で、再び慶喜の名前を持ち出した。政府に出仕すれば、あらぬ疑いを掛けられることもないため、慶喜は肩身の狭い思いをしなくて済む。我意を捨て、進んで政府に出仕することこそ、むしろ慶喜への忠義につながるのではないか。

さらに、静岡藩で殖産興業を成し遂げることは無理である。貨幣、租税、運輸の制度などが未だ確立されていないからだ。そうした一連の諸制度を確立するのが殖産興業の成就には焦眉の急ではないかと指摘し、政府に出仕するよう重ねて求めた。（『青淵回顧録』上巻、青淵回顧録刊行会）

ついに、栄一は大隈の説得に折れ、政府出仕を承諾する。

政府内に渦巻く嫉妬と疑念

後年、大隈はこの時の栄一とのやり取りについて次のように語っている。栄一だけでなく、日本郵便の父として知られる前島密《ひそか》も郷の推挙で大隈が登用したが、実は前島も同じく静岡藩士（元幕臣）だった。静岡藩では開業方物産掛などを勤め、栄一とともに同藩の殖産興業に尽力した人物である。

○当時渋沢君は旧幕臣で、明治政府には出ないといつて居つた。我輩が大蔵省に入つて人材を求めて居ると、郷純造君が洋行帰りの渋沢君を推薦して来た。

○郷氏はなか〳〵人物を見る眼があつた。氏の薦めて来た人物は皆よかつた。前島君（密男爵）も其一人である。

○それで郷氏の推薦なら使つてみやうと言つて話して見ると、渋沢君はなか〳〵頑固で容易に出仕を肯《がえん》じない。

（中略）

○今でこそ君は常識円満の大人であるが、当時まだ二十歳時代で一見壮士の如く、元気当るべからざるものがあつた。

○無論両刀を帯びて、一つ間違つたら一本参らうといふ権幕、家に居る時でも一刀だけは腰より離さないといふ勢で、会ふといつても容易に出て来ない。

○それで説伏するにはなか〳〵難しかつたが、我輩は、八百万の神が寄合つて新日本を作るのだから、君も一つ神様になつて呉れいといつて遂に承諾さした。（「実業之日本」『渋沢栄一伝記資料』第二巻。以下同じ）

大隈は栄一を説得するに際し、自分たちを八百万《やおよろず》の神に例えている。神代の時代、八百万の神は高天原《たかまがはら》に集まって国造りを相談したと伝えられるが、藩士から政府の官吏となった者はみな八百万の神々。近代国家の創設にあたっては、静岡藩士の栄一も神様の一人になって欲しいと説得したのである。

一転、栄一は民部省や大蔵省の仕事に情熱を傾けるが、組織が立ち上げられたばかりで、事業を拡大中の省内は日々の仕事にただ追われていた。栄一の見た限り、これでは殖産興業を実現するための貨幣、租税、運輸などの諸制度改正に取り組むことなど無理だった。

省内に改正事務を専務とする局を立ち上げて有為の人材を集め、諸般の制度を調査研究させて改正に当たらせるよう大隈に進言する。その賛同を得た栄一は、「改正局」の主任のような立場で制度改正に当たった。

栄一が提起して新設された改正局が関わった事業は広範囲にわたった。というよりも、大蔵省による近代化政策の大半は改正局から生まれたものだった。度量衡・租税の改正、貨幣制度の調査、諸官庁の建設、そして前島による郵便制度の創設もその一つである。

しかし、出る杭は打たれるではないが、栄一への反発は政府内で強かった。大隈の次の証言のように、元幕臣という経歴がマイナスに働いていたのである。

○処《ところ》が又一方には我輩が旧幕臣たる渋沢君を用ゐたといふので、旧幕臣中にも新政府中にも反対があり、殊に大蔵省の官吏達は大不平であつた。
○彼等は殆んど同盟罷工といふ様な勢で我輩の処へ遣《や》つて来て、あんな壮士見た様な幕臣を我々の上に抜擢するのは何事だといつて非常にやかましい談判であつた。

政府部内が薩摩・長州藩士などで占められた以上、栄一抜擢への反発は政治的嫉妬に他ならない。政府部内だけではなかった。栄一の出身母体でもある幕臣社会からも批判を浴びていたと大隈は証言する。裏切り者扱いされたのだろう。

大隈はそうした反発は百も承知だったが、栄一に思う存分腕を振るわせてみようとしたのだ。やがて、反対派も栄一の仕事ぶりに兜を脱ぐが、政府内には冷ややかな視線や疑念もあった。次に紹介するのも大隈の言葉である。

当時は幕臣といへば、世人が皆嫌疑の眼を以て見たものである。仮にも幕府に仕へた者であると云ふと、或は二心を抱いて居りはせぬか、間諜ではあるまいか等と自然

人から危まれたものである。（「鴻爪痕《こうそうこん》」『渋沢栄一伝記資料』第二巻）

「間諜」とは「スパイ」の意味だが、栄一に限らず、幕臣が政府や社会からどう見られていたのかが、よく分かる証言だ。徳川家が捲土重来を期していると勘ぐられることを静岡藩が非常に恐れたのも、こうした空気を読んでいたからなのである。

（3）在野の志が湧く栄一

伊藤博文、井上馨と交誼《こうぎ》を結ぶ

栄一は政府内から冷たい視線を浴びながらも、改正局を拠点に諸制度の改正を推進したが、大蔵（民部）省時代、二人の人物と交誼を結べたことは大きな財産となる。伊藤博文と井上馨である。

天保十二年（一八四二）生まれの伊藤は、栄一より一つ年下だった。井上とともにイギリスに密航したが、帰国後は高杉晋作の挙兵に馳せ参じたり、長崎で坂本龍馬仲介のもと

明治初年ころの伊藤博文＝国立国会図書館ウェブサイト

イギリス商人グラバーから大量の小銃を購入したりするなど、新進気鋭の長州藩士として政局の舞台に顔を出しはじめる。

慶応四年二月二十日、伊藤は外国事務局判事に任命され、新政府では外交官としてスタートする。五月二十三日には、開港場の神戸及び周辺を県域とする兵庫県知事に任命された。兵庫県知事時代は、廃藩置県を求める建白書を太政官に提出して注目される。

翌明治二年五月十八日、会計官権判事に転じた伊藤は、版籍奉還後の機構改革では大蔵少輔に抜擢される。七月十八日のことであった。以後、大蔵大輔の大隈とのコンビで近代化政策を推進する。

栄一と知り合ったのは大蔵（民部）省時代である。近代化政策の推進という点では、二人は同志だった。ともに大隈のもとに集った築地梁山泊のメンバーであったが、栄一は伊藤との関係について次のように語っている。

伊藤さんとは明治二年頃大蔵省時代から大隈さん等と同様に親しくしてゐて、伊藤さんは極く書生肌であつたから、文章や詩を作って親密にするばかりでなく、他の娯楽のことなども共にしたので懇親の度は一層深かつた。併《しか》し後には私が実業界に入つて境遇が自ら違つて来たから、時々会ふと云ふ程度になつて居た。年齢は私より伊藤さんの方が一歳下であつたけれども、私は先輩として尊敬して居たのである。そして書生まるだしの伊藤さんは実に磊落《らいらく》で、私とは意見を遠慮なく話し会ふ間柄であつた。
（『青淵回顧録』下巻。以下同じ）

後に伊藤は首相として位人臣《くらいじんしん》を極めるが、そんな伊藤にも不遇の時代があった。三年十一月二日に金融制度調査のため訪米し、翌四年五月九日に帰国したが、まもなく大蔵少輔から租税頭に降格となり、やがて大阪造幣寮出張という形で左遷される。伊藤の言動が政府の実力者で同年六月に大蔵卿となった大久保利通の反感を買ったからである。

伊藤左遷の背景には、大隈とともに大蔵省を切り盛りしていたことへの政府内からの反発もあった。事業を拡大させ権限を強めていた大蔵省への嫉妬だ。既に大隈は民部大輔、

英国留学時代の伊藤博文（後列右端）、井上馨（前列左端）ら。一行は1863年に日本を出発した＝©朝日新聞社

伊藤は民部少輔の兼任を解かれ、大蔵省と民部省は分離させるという政治判断が下っていた（民蔵分離）。その後、伊藤を引き立てていた大隈は参議となり、大蔵省から遠ざけられた。伊藤は大蔵省にとどまったものの、左遷されたのである。

天保六年（一八三五）生まれの井上馨はイギリス密航をはじめ、伊藤と政治的行動をともにすることが多かった。維新後は外国事務掛など、同じく外交官としてスタートしたが、大蔵省に転じたのは明治二年のことである。八月に造幣頭、十月に大蔵大丞、三年十一月には少輔に進んだ。そして、廃藩置県後の四年七月に大輔に昇格する。翌八月、栄一は権大丞に昇任した。

伊藤としては同じ梁山泊仲間の井上の昇格は別として、大隈の代わりに大久保利通が大蔵省を牛耳ったことは大いに不満だった。伊藤は後に大久保の信任を得るが、当時は中央政界からは蚊帳《かや》の外に置かれていた。栄一に愚痴の入り混じった手紙まで送っている。

次のように栄一は書き残している。

大久保さんが大蔵卿になつてから井上さんは大蔵大輔となつて幅を利かせたのに反し伊藤さんの方は米国の諸事情を調査して帰朝したが却《かえ》つて勢力を墜したやうな訳であつた。其時伊藤さんも残念に思つたらしく、

『井上も渋沢も私には少しも同情して呉《く》れぬ、友達甲斐のない者だ。』

と云ふ愚痴の手紙を寄越したりした。後年伊藤さんが政治界の第一人者となつてから、私は『貴方は余り偉さうな事は云へぬ。此前此様な手紙を寄越したことがあるではないか?』などと云つて、心易い間柄だけに笑つたこともある。

栄一と伊藤の親密な関係を物語るエピソードの一つである。

廃藩置県と藩札引き換え

明治四年（一八七一）七月十四日、政府は廃藩置県を断行する。欧米列強に対抗できる中央集権国家を樹立するには避けて通れない変革だったが、廃藩置県に伴う事務処理で大蔵省が懸念したのは、「藩札」の引き換えに伴う混乱であった。

藩札とは諸藩が発行した不換紙幣だが、藩の消滅に伴い通用の根拠を失う。ただの紙くずになる以上、藩札を所持している者に対して速やかに政府発行の紙幣を交付する必要があった。さもないと、大騒動になることは明らかだった。

かと言って、廃藩置県の前に藩札引き換えを布告してしまうと、それを見込んで利益を得ようという者が出てくる。したがって、廃藩置県と藩札引き換えの方法は同時に布告しなければならなかった。

この引き換えの具体的方法について検討するよう命じられたのが、栄一が中心になっていた改正局である。政府内で廃藩置県の断行を決定したのは七月九日のことであり、翌十日には十四日の布告が決まる。

つまり、廃藩置県の決定から布告まで四、五日しかなかった、そのため、栄一は不眠不休で藩札引き換えの方法を検討し、その内容を数十枚の草稿に認《したた》めて井上のもとに提出したという。廃藩置県の裏で藩札引き換えに奔走する栄一の活躍があったことなどほとんど知られていない事実だろう。

ちなみに、不遇をかこっていた伊藤は廃藩置県後の九月二十日に工部大輔として中央政界に復帰する。工部省は鉄道・鉱山・電信などの殖産興業を推進する官庁だが、その直後に結成される岩倉使節団に大久保や木戸とともに加わる。そして、使節団が諸国を歴訪中に大久保の信任を得るわけである。

大蔵省の高級官僚として近代化政策を牽引した栄一だったが、廃藩置県前後から官吏としての仕事に限界を感じはじめていた。殖産興業の環境を整備するため、志を曲げて政府に出仕したものの、受け入れ側の民間に殖産興業に対応できる人物がいないことに苛立ちを募らせていた。

それならば、民間に下ってみずから商人となり、在野の立場で殖産興業を牽引したい。官吏を辞職したいと大隈や伊藤に申し出るが、強く慰留される。改革の先兵として獅子奮迅の働きをしていた栄一に今辞められては大蔵省が困るとして、時機を待つよう求められた。

栄一は二人の説得に折れる形で、この時は辞職を思いとどまるが、その後官吏を続けることに嫌気が差す、ある出来事が起きてしまう。

大久保利通の不興を買う

廃藩置県直前の人事異動で参議だった大久保利通は大蔵卿に就任するが、彼の不興を買った少輔の伊藤は左遷となる。伊藤の盟友井上が大輔に昇格したものの、今度は栄一が大久保の不興を買う。大久保と意見が衝突したのだ。明治四年（一八七一）九月末のことという。

衝突の原因は、陸軍省の経費は八百万円、海軍省の経費は二百五十万円にせよと、省内で開かれた会議で大久保が一方的に求めてきたことである。廃藩置県により全国の土地が政府の管轄下に入ったため、大蔵省は年間予算の把握におおわらわだった。政府の歳入は四千万円前後と見込んでいたが、未だ確定値ではなかった。一方、歳出はどんぶり勘定だった。

こうした現状を問題視した栄一は井上と相談しながら、歳入の統計結果を踏まえた上で、事の軽重に応じた予算配分を行おうと考えていた。一言で言うと、「入るを量《はか》りて出ずるを為《な》す」である。
ところが、大久保が閣議での決定事項として、陸海軍省への予算案を提示してきた。その額は一千五十万円にものぼり、歳入予想額の二十五パーセント以上にも相当した。歳入が確定した段階で、予算配分の作業に取り掛かるのが常道と考えていた栄一は、この案を呑むよう求めた大久保に強く抵抗する。歳入が決まってから陸海軍省の予算を決めて欲しいと主張したが、大久保の不興を買ってしまう。

大久保卿は辞色を励まし『そんなら渋沢君は陸海軍の方はどうでもかまはぬといふ意見か？』と詰問せられたのである。之れが私事であるならば私も黙して居つたらうけれども、事、国家の重大問題であるから、長官と雖《いえど》も沈黙してゐる事は出来ない。そこで私は堪忍も時と場合によると思つて、『如何に私が軍事に通ぜぬとは申しながら、兵備の国家に必要である位の事は心得て居ります。併し大蔵省で歳入の統計も出来上らぬ前に、巨額な経常費の支出の方ばかりを決定せられるのは、危険此上もない御処置ではあるまいかと考へられます』。

栄一はこう述べて会議の席を退出したが、憤懣やる方なかった。覚悟を決め、その日登庁していなかった井上の屋敷を夜になってから訪れる。これでは仕事が続けられないとして、明日辞表を提出したいという意思を伝えた。

はたせるかな、井上は栄一に辞意の撤回を求める。廃藩置県直後で事務が多忙を極めているこの時期に、栄一に辞められては省内が混乱する。大蔵省による近代化政策が一段落つくまでは留任して欲しいと強く慰留した。

ただ、大久保とやり合ってしまった以上、本省にいるのは気まずいだろうとして大阪造幣寮への出張を提案してきた。栄一もそれを受け入れ、一カ月ほど東京を離れることになる。

栄一が大阪にいる間に、大きな動きが起きる。岩倉具視を全権大使とする使節団の欧米派遣だ。日本を出発したのは明治四年十一月のことだが、大久保は大蔵卿のまま使節団の副使に任命され、日本を長く離れることになった。

そして、翌五年二月に少輔の吉田清成がイギリスでの公債募集のためヨーロッパに派遣されたため、栄一は少輔事務取扱を命じられる。大久保不在中の大蔵省を取り仕切っていた大輔の井上を補佐する立場に就き、事実上の次官となる。

井上・渋沢コンビが名実ともに大蔵省を切り盛りすることになったが、それは一年ほどしか続かなかった。栄一の政府官僚としての日々も終わりを告げるのである。

(4) 政府入りした海舟

「上司」となった西郷隆盛との再会

明治四年(一八七一)、廃藩置県の断行により、全国は三府七十二県に編制された。静岡藩も消滅し、旧駿河国は静岡県、旧遠江国は浜松県となった。

新たに置かれた県には知事や県令が任命されたが、他藩出身者が任命されることが多かった。旧藩勢力を排除して中央集権国家の実を挙げるには、その方が望ましかったからだ。幹部職員にも他県出身者が送り込まれ、旧藩の影響力はさらに削がれていく。旧藩主に東京への転居を義務付けたのも旧藩の影響力を低下させるためであった。

廃藩置県により、徳川家に限らず大名家という行政組織は消滅する。浪人を除き、武士には仕える主家があったが、大名(藩主)と家臣(藩士)という主従関係は公的にはなくなる。大名は華族と尊称され、皇室の藩屏《はんぺい》として位置付けられた。やがて、爵位を授かる。

一方、藩士たちは武士身分を剝奪され、士族と総称された。当初は政府から家禄を保証されていたが、重い財政負担に耐えかねた政府は数年で支給を中止したため、士族は生活難に追い込まれる。

廃藩置県により、静岡藩士たちは再び苦渋の選択を迫られる。静岡移封の際には、政府に出仕せずとも静岡藩士となる道が残されていたが、今度こそ拠るべき徳川家の傘はなかった。そのため、官吏を希望する者は多かったが、狭き門であり、大半は在野の道で生きていく。そうした事情は他藩も同じだった。

東京と静岡を往復する日々を続けていた海舟は廃藩置県の報に静岡で接するが、東京へ出てくるようにという政府の命を受ける。廃藩置県により静岡藩も消滅したことを受け、政府は改めて海舟に出仕を求めようとしたのだろう。

九月三日、海舟は東京に到着したが、同十五日には廃藩置県の立役者となった参議の西郷隆盛と再会を遂げている。十二月十二日にも会っているが、西郷からも政府入りを求められていたことは想像するにたやすい。

当時の政府の陣容は次のとおりである。

太政大臣は公家の三条実美、右大臣は同じく公家の岩倉具視。参議は西郷（薩摩）・木戸孝允（長州）・板垣退助（土佐）・大隈重信（佐賀）の四名。薩長土肥の四藩から一名ずつ任命された形だ。

各省については、外務卿は岩倉具視。大蔵卿は大久保利通（薩摩）。文部卿は大木喬任《たかとう》（佐賀）、兵部卿は空席で山県有朋（長州）が兵部大輔。司法卿も空席で佐々木高行（土佐）が司法大輔を勤めた。主に薩長土肥の四藩から任命されたのが特徴だった。

岩倉具視＝国立国会図書館ウェブサイト

ところが、十一月十二日に、条約改正の準備交渉のほか海外の諸制度や文物の視察調査を目的とする岩倉使節団が欧米に向けて派遣された。正使の岩倉や副使の大久保や木戸たちが一年以上も日本を離れる事態となったが、その間は三条、西郷、大隈、板垣たちが留守を預かった。

これを「留守政府」と称したが、そのトップは筆頭参議の西郷であった。大久保不在の間、西郷は大蔵省事務監督を兼任していたため、大蔵権大丞の栄一にとっては直属の上司のような存在であった。

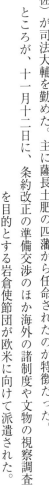

慶喜、官位を与えられる

岩倉使節団が日本を出発した後、西郷は留守政府のトップとして学制・徴兵令・地租改正という三つの大きな改革に取り組む。俗に「維新の三大改革」と称される近代化政策だが、地租改正は井上や栄一が籍を置く大蔵省、徴兵令は山県有朋をトップとする兵部省の管轄であった。

兵部省には海舟を介して西周や赤松則良たちが出仕していたが、五年（一八七二）二月二十七日、陸軍省と海軍省に分離される。両省とも長である卿は空席で、次官にあたる大輔がトップだった。陸軍大輔は兵部大輔の山県が横滑りし、少輔には西郷の弟・従道《つぐみち》が就任した。ただし海軍は大輔も空席で、薩摩藩出身の川村純義が少輔を勤めた。

当時、静岡から東京に出てきていた海舟は、三月七日に西郷のもとを訪れている。この年の正月六日に、慶喜が従四位に叙せられたことへの礼を述べるためであった。

鳥羽・伏見の戦い後、朝敵に転落した慶喜は官位を剝奪された。謹慎解除後も無位無官の立場に変わりはなかったが、従四位の官位を与えられたことで朝敵の汚名も一応、解除された形になる。

しかし、慶喜はその後も静岡にとどまり続ける。海舟のアドバイスに従った形だが、そのあまりの長さに栄一が苛立ちはじめることは次章で述べよう。

慶喜の叙任と時期を合わせるかのように、三年近く獄中にあった榎本武揚も出獄した。榎本は薩摩藩出身の政府高官・黒田清隆の推挙により、北海道の開拓を所管する開拓使出仕となる。政府入りしたのだ。

西郷をトップとする留守政府は、慶喜に官位を与え、政府に最後まで抵抗した榎本まで政府に出仕させるなど、徳川家への寛容な姿勢を示した。その裏では海舟が奔走したのだろうが、海舟も政府入りを決意していた。

これまで政府入りを固辞してきた海舟であったが、静岡藩もない今、義理立てするものはなかった。一連の徳川家に対する西郷たちの政治的配慮にも報いなければならなかった。徳川家代表としての立場で政府入りすることで、徳川家が政府に二心は抱いていないことを身をもって示す必要もあったのだろう。

同年五月十日、海舟は海軍大輔に就任する。海軍卿は空席であったため、海軍トップの座に就いたことになる。栄一と海舟が政府内で一緒だったわけだが、海舟は六月十五日に慶喜と同じ従四位に叙せられる。

同月二十五日には、海舟とともに江戸無血開城に尽力した大久保一翁が東京府知事に任命される。これにしても西郷人事だろう。

この後、約二年にわたって海舟は海軍省のトップに君臨する。だが、政府に対して遠慮もあったのか、行政手腕を十分に発揮したとは言えない。何か特出した業績も見当たらない。

しかし、江戸無血開城の際に示した一連のしたたかな交渉術は伊達ではなかった。西郷すなわち政府の苦境を救うのである。

海舟の助け舟

薩摩藩から政府入りした西郷の決断により、廃藩置県は断行されたが、そんな西郷に激しい憎悪を抱いていた人物がいる。薩摩藩主だった島津茂久改め忠義の実父・島津久光である。幕末以来、薩摩藩の最高実力者である久光と西郷の人間関係は必ずしも良好ではなかった。

久光は廃藩には反対であり、政府内で廃藩の議が起きても同意しないよう西郷にあらかじめ約束させていたが、西郷はその約束を破った。むしろ率先して廃藩を推し進めたことで、久光の逆鱗に触れてしまう。西郷が推進した一連の近代化政策にも、久光は嫌悪感を隠そうとしなかった。

政府は久光の怒りを宥《なだ》めるため、海舟が海軍大輔に就任した直後の明治五年五月二十三日に、西国巡幸という形で天皇が鹿児島に向かっている。廃藩や政府の近代化政策に憤りを示す久光を直接慰撫し、東京への転居を促そうと図るが、失敗に終わった。

この巡幸には西郷も同行したが、久光に挨拶することなく東京に戻ったため、その怒りはさらに増す。久光は、西郷の帰国を強く求めた。

同年十一月、西郷は帰国して久光に謝罪したものの、激しい詰問に遭う。西郷たちが推し進める近代化政策を否定した上で、政府首脳部としての責任を厳しく追及してきた。暗に辞職を求めたのである。

西郷の立場でいうと、そのまま東京には戻れなかった。久光の怒りを鎮めて上京させるための地ならしをすることが、今回の帰国の目的だったからだ。このまま鹿児島で久光が政府批判を続けてしまうと、旧薩摩藩が反政府運動の急先鋒だと世間から受け取られかねない。西郷としては久光を東京に転居させ、その言動を監視下に置く必要があった。

一方、西郷が久光の逆鱗に触れて五カ月近くも鹿児島を動けなくなっている間、東京では留守政府内の対立が深刻化する。大蔵省と各省との間で、予算配分をめぐって対立が激化したのだ。この問題は次章で述べるとおり、大蔵大輔の井上と権大丞の栄一の辞職につながっていく。

こうした政権内部の紛争を調停することも留守政府トップたる西郷の役目だが、東京を長期にわたり不在にしたため混乱の収拾にあたれず、事態が深刻度を増していったのだ。

危機感を抱いた太政大臣の三条は西郷に帰京を促す。侍従の西四辻公業《にしよつつじきみなり》を勅使として鹿児島に派遣し、明治六年(一八七三)三月二十二日に勅書をもって久光に上京を促した。久光を上京させることができれば、西郷は東京に戻れる。政府内の混乱も収められるはずだ。

そこで登場するのが海舟であった。三条は海舟を鹿児島に送り込み、久光の説得にあたらせた。鹿児島に到着した海舟は、久光のみならず側近たちも説得する。その甲斐あって、久光は上京を承諾する旨を勅使に伝えた。

西郷が東京に戻ったのは四月五日のこと。同十七日には、久光もようやく重い腰を上げて上京の途に就いた。海舟が助け舟を出して、西郷と留守政府の苦境を救った形であった。

しかし、それから約半年後、海舟、西郷、栄一は別々の道を歩みはじめる。西郷は下野《げや》するが、その前に栄一も政府を去っていたのである。

第五章

海舟への不満が募る栄一

――謹慎生活はいつまで続くのか

（1）政府を去った栄一と海舟

栄一、在野の人となる

栄一と海舟は廃藩置県の前後に政府入りしたが、その期間は短かった。栄一は三年ほど、海舟も二年ほどに過ぎない。下野した後、栄一は実業家として日本に資本主義を根付かせようと奮闘する一方、在野の立場で政府の近代化政策を支持し続けた。

かたや海舟は政界の御意見番のような立ち位置となり、政府批判も展開するが、明治二十一年（一八八八）には天皇の諮問機関である枢密院の顧問官となる。政府とは付かず離れずの立場にあった。

栄一と海舟はそれぞれの立場で政府を支えた。旧幕臣として徳川家の復権をバックアップする立場も共有したが、二人の関係は良好とは言えなかった。栄一が海舟に良い感情を持っていなかったからだ。その理由は慶喜に対する政治姿勢にあった。慶喜の処遇をめぐり、栄一は海舟への不満を募らせていくのである。

前章で述べたとおり、岩倉使節団の外遊中、栄一は大久保不在中の大蔵省を大輔・井上馨とのコンビで切り盛りしたが、明治五年（一八七二）から六年にかけ、予算配分をめぐり他省との関係が非常に悪化する。井上と栄一はいわば財政健全化の名のもと、各省からの予算要求に大鉈《なた》を振るったが、競うように新規事業を企画していた他省の反発は避けられなかった。

明治10年代（1880年前後）の渋沢栄一＝©朝日新聞社

大蔵省批判の急先鋒だったのが、佐賀藩出身の司法卿・江藤新平である。明治五年冬、司法省では裁判所設置関連予算として九十万円超を要求したが、大蔵省はその半分しか認めなかった。司法省は猛反発するが、井上と江藤が普段から仲が悪かったことで両省の関係はさらに悪化し、全面戦争の様相を呈する。

司法省だけではない。文部省なども学校

建設関連予算を削られ、大蔵省批判を強める。しかし、井上は各省からの予算増額要求を頑として認めず、その対立は抜き差しならないものになってしまう。政府トップの西郷が東京を不在にしていたことで事態は悪化していくが、海舟の奔走もあり、六年四月十一日に西郷は東京に戻ることができた。政務にも復帰する。

五月に入ると、西郷や板垣たち参議で構成される閣議で、この予算が審議される。その結果、増額要求を認めないとする大蔵省の具申は却下された。この決定に憤激した井上は幹部を集めて辞意を表明する。栄一も井上に殉じる形で大蔵省を去ることを決意した。同年五月十四日のことである。

下野して民間人として殖産興業の志を果たしたいと念願する栄一は辞職のタイミングを見計らっていたが、財政健全化を目指す大蔵省の方針が却下されたことで踏ん切りも付いた。同志とも言うべき井上が辞める以上、大蔵省にとどまる理由はなかった。

晴れて民間人となった栄一は、先頭に立って殖産興業の実現を目指していく。まずは、自分が官吏時代に公布した国立銀行条例に基づいて最初に設立された第一国立銀行の総監役に就任した。ここで言う国立銀行とは同条例に基づいて設立された民間の銀行のことであり、その後設立された銀行は第二国立銀行、第三国立銀行と命名された。

第一国立銀行は江戸以来の豪商三井家や小野家が母体で、行員も両家から出向した。栄一が就いた総監役は両家の利害を調停するような役職で、後に頭取に就任する。以後、栄一が五百近くの会社を創立したことは周知のとおりである。

閣僚の列に連なった海舟

栄一が下野した明治六年とは、明治政府はじまって以来の激震に見舞われた年であった。いわゆる征韓論をめぐって政府内が分裂した結果、留守政府トップの西郷が下野する。

当時、日本は朝鮮との外交関係が悪化していた。西郷は事態打開のため自分が大使として朝鮮に渡ることを申し出るが、政府を主宰する太政大臣の三条は外遊中の岩倉の帰国を待った上で可否を決定したかった。西郷を大使として朝鮮に派遣することで不測の事態が起き、開戦につながることを恐れたのである。

しかし、西郷の主張に根負けした三条は八月十七日に閣議を開き、西郷の朝鮮派遣を内定する。ただし天皇は、岩倉の帰国後に再評議した上で、もう一度この件を上奏するよう三条に指示した。岩倉が帰国したのは九月十三日のことである。

先に帰国していた大久保は岩倉使節団の副使として欧米諸国を視察することで、いかに日本の国力が遅れているかを痛感していた。無謀な外征よりも、今は内治を優先させて近代化を推進すべきである。よって、留守政府による強硬な対朝鮮外交（征韓論）、外征につながり兼ねない使節の派遣には反対だった。

大久保だけではない。正使の岩倉をはじめ同じく副使として同行した木戸や伊藤も同じ考えであり、岩倉は大久保に参議への就任を求める。岩倉としては自分と同意見の大久保を参議に任命することで、閣議の場で西郷の説得にあたらせようと考えたのだ。大久保は難色を示したものの、十月八日に参議に就任する。

同十四日に開かれた閣議で、西郷と大久保は使節派遣をめぐり激論となる。翌十五日も閣議が開かれたが、西郷は欠席する。その欠席戦術が功を奏したのか、三条は使節派遣を閣議決定してしまう。陸軍元帥として軍のトップでもあった西郷が参議を辞職し、配下の将兵が騒ぎ出すことを恐れたからだ。

この三条の決断に大久保は猛反発し、辞表を提出する。岩倉や木戸もこれに続いた。動揺した三条は、十八日に人事不省に陥る。そのため、岩倉が太政大臣職を代行することとなったが、大久保や伊藤たちはこれを好機として水面下で動き、西郷の朝鮮派遣という閣議決定に加え、これに反対する意見も太政大臣代理の岩倉をして天皇に上奏させようと目論む。天皇の裁断という形で、西郷の朝鮮派遣を阻止しようとした。

二十四日、岩倉たちの目論見通り、天皇の裁断により西郷派遣は無期延期となる。敗北した西郷は参議を辞職し、西郷派の板垣たち四参議も揃って辞表を提出した。世に言う「征韓論政変」である。

西欧列強に対抗する手段として朝鮮や中国（清）との提携論を唱えていた海舟は、その持論からすれば、朝鮮との戦争を誘発し兼ねない西郷派遣には反対の立場だったはずだ。しかし、西郷との対決を避けるかのように、この時期、東京を離れて横須賀に出張してしまう。後年、海舟は「横須賀に船を見に行くと言って逃げた」と語っている。

政変前、閣僚にあたる参議は九名いた。薩摩藩出身の西郷と大久保、長州藩出身の木戸、土佐藩出身の板垣と後藤象二郎、佐賀藩出身の江藤、大隈、副島種臣、大木喬任だが、この時西郷とともに政府を去ったのは、板垣、後藤、江藤、副島の四人である。

これを受けて、太政大臣臨時代理の岩倉は参議を三名補充する。二十五日に、海舟を海軍卿に昇格させた上で参議に任命した。同日、工部大輔の伊藤も工部卿に昇格させた上で参議を兼任させた。二十八日には寺島宗則が参議兼外務卿となる。

伊藤は長州藩、寺島は薩摩藩の出身だが、海舟は薩長両藩の敵だった幕府側の人間である。下野した野党の大物を入閣させたようなものであり、異例の人事と言ってよい。

それだけ、西郷の下野は政府の危機と認識されたのだ。この危機に乗じ、政府に反感を持つ者たちが徳川家を担いでくることを恐れたのかもしれない。徳川家を代表する形で政府入りしていた海舟を閣内に取り込むことで、政局の安定化をはかったのである。

西郷側に資金提供？　疑われた海舟

征韓論政変と呼ばれる明治六年の政変後、海舟は政府を支える閣僚の一人となったが、それから一年もたたないうちに下野してしまう。参議兼内務卿の大久保を首班とする政府が台湾出兵など清と一触即発となるような外交政策を取りはじめたからだ。

清や朝鮮との提携論を唱える海舟としては黙視できず、翌七年（一八七四）八月二十九日に参議と海軍卿の免職願を提出する。その後、元老院議官に任命されるも、即座に辞職してしまい、政府とは距離を置き続ける。

さて、西郷が下野して政府が分裂状態になると、政府の施策に反発する士族（武士）たちが下野した参議を奉じて各地で反乱を起こしはじめる。政府は廃刀令で帯刀を禁止して士族の特権を奪うだけでなく、家禄の支給を停止するなど経済的にも士族を追い詰めていた。こうした政府の施策に反発し、士族たちは反乱を起こしたのである。

七年二月に佐賀の乱、九年（一八七六）十月にも神風連《しんぷうれん》の乱、秋月の乱、萩の乱が起きたが、十年（一八七七）二月十五日には鹿児島県の士族たちが西郷を擁して挙兵する。西南戦争のはじまりである。

鹿児島県士族挙兵の報を受けた政府は、十九日に征討令を下す。西郷は朝敵となり、賊軍として討たれる立場に転落した。明治維新の時とは全く逆であった。政府軍は続々と九州へと向かい、各地で西郷軍と激戦を繰り返す。

海舟は西南戦争に対して、どういうスタンスを取っていたのか。大久保が主導する政府への強い反発から、西郷にはきわめて同情的だった。西郷が勝つことまで密かに望む。しかし、政府軍に追い詰められた西郷は城山の露と消える。九月二十四日のことである。西南戦争は西郷の死とともに終わったが、その直前の同十二日、警視庁の奥村という警視が海舟邸にやって来た。

西郷挙兵以来、海舟邸には幕府時代から知り合いも多かった旧薩摩藩士、つまりは鹿児島県士族が頻繁に出入りしていた。生活苦を訴える彼らへの同情心から金銭を渡すことも少なくなかったが、折しも西南戦争が起きていた時期でもあったことから、警視庁では西郷軍への資金カンパなのではと疑ったのである。

そのため、海舟は何度となく警視庁の取り調べを受けている。金を受け取った者から海舟の名前が出ている以上、金を渡したこと自体は言い逃れが出来なかった。

この時の一件は海舟自身が取り調べを受けたのではなく、執事や用人が出頭して尋問を受けたが、結局のところ警視庁の追及はそれ以上進まなかった。嫌疑不十分といったところだが、鹿児島県士族に渡した額は現在の貨幣価値に換算すると数十万から数百万円に相当し、かなりの大金だった。警視庁に資金カンパと疑われても仕方がなかった。

鹿児島県人、とどのつまりは西郷への海舟の期待がそれだけ強かったのだろう。西郷に勝ってほしいという思いが鹿児島県人への同情につながり、大金を渡してしまったようだ。

そんな海舟の思いは、西郷の死後も続く。西郷の名誉回復を政府当局に働きかけることになるのである。

(2) 徳川家の復権が進む

徳川家へ向けられた視線

廃藩置県で静岡藩が消滅したことにより、初代静岡藩主で徳川宗家十六代目当主でもある徳川家達は東京に転居する。尾張藩の屋敷だった戸山屋敷に一年ほど住んだ後、赤坂福吉町に居を定めた。イギリス留学に出発するまで赤坂に住むが、家達の留学中、徳川宗家は千駄ヶ谷に転居している。

一方、家達に宗家当主の座を譲った慶喜はどうなったか。既に謹慎は解かれ、明治五年正月には改めて従四位に叙せられたため、朝敵の汚名も取り除かれた形となったが、その後二十年以上も静岡にとどまった。自主的に謹慎を続けた格好である。その裏には徳川家の相談役とも言うべき海舟のアドバイスがあった。このことは栄一が海舟に大きな不満を抱く原因となる。

慶喜の従四位叙任と時期を合わせるかのように、会津藩主松平容保たちも赦免され、前述のように榎本武揚も出獄した。戊辰戦争で朝敵とされた面々が次々と赦免されていったが、政府は徳川家に気を許したわけではなかった。

征韓論政変の後、西郷に代わって政府のトップに立った大久保は反政府運動に神経を尖らせる。佐賀の乱にはじまり西南戦争に帰結する士族の反乱に厳罰をもって臨むが、幕臣たちの動向にも警戒を強めたことは容易に想像できる。

最大の反政府運動に発展した西南戦争の際には、旧静岡藩士たちの間で不穏な動きもあった。家達が住む赤坂の屋敷を守護すると称し、静岡から藩士たちが続々と上京してきたのである。

政府と徳川家の間を取り持つ立場の海舟はこうした動きに危機感を強める。静岡藩士、つまり幕臣たちが東京に集まってくると、政府から疑念を持たれてしまうとして、静岡に戻るよう説得につとめた。政府に不満を持つ静岡藩士たちが、家達を擁して西郷に呼応するような動きに出るのを防ごうとしたのだ。

西南戦争勃発前から計画されていたことであったが、戦争の最中の六月十一日に家達はイギリス留学に出発している。イギリス留学は五年にも及んだが、ロンドンでの生活は快適だった。後年、家達は当時の心境を語っている。

日本の内争に巻き込まれるのが嫌で、静かなロンドンで日を送りたい。日本に帰りたいとは思わなかった。（徳川家広「大日本帝国の中の徳川将軍家――十六代当主家達の履歴――」『家康・吉宗・家達～転換期の徳川家～』財団法人徳川記念財団編）

そうした心境は静岡にとどまり続けた慶喜にしても同じで、自己の言動に慎重にならざるを得なかった。慶喜の意思に関わりなく、前政権のトップとしての存在を利用する動きがあっても何ら不思議ではなかったからである。

西南戦争時には、反政府という点で立場を同じくするとみられた徳川家の動向が大きな関心を呼んでいたことが分かる。家達や慶喜としては痛くもない腹を探られたくないというのが本音だった。

華族に列せられた徳川家

家達がイギリス留学から帰国したのは明治十五年（一八八二）十月十九日のことだが、十二月二日には「麝香間祗候《じゃこうのましこう》」を命じられる。後に慶喜も命じられる麝香間祗候とはどのような職務であったのか。

もともと京都御所には麝香間という部屋があり、将軍が御所に参内した時は、その部屋に祗候（伺候《しこう》）する定めだった。普段は、摂政・関白に任ぜられる家格の五摂家《せっけ》、太政大臣を極官とする清華家《せいがけ》、大臣に就任できる家柄の大臣家などの公家が詰める部屋に指定されていた。

明治に入っても、皇居内には麝香間が置かれた。明治二年五月、議定職を勤めていた徳島藩主・蜂須賀茂韶《はちすかもちあき》たちは国事を諮詢《しじゅん》するためとして隔日に伺候することを命じられる。その後、麝香間祗候は公家や華族、維新の功労者に与えられる名誉職となるが、家達にとってみれば徳川家復権の第一歩だった。

明治十七年（一八八四）七月七日、政府は華族令を発し、維新の功臣たちに五段階から成る爵位（公・侯・伯・子・男）を授けたが、家達は最高位の公爵に叙せられる。徳川一門では御三家・御三卿にも侯爵そして伯爵が与えられた。旧大名にもそれぞれ爵位が授けられた。

この時公爵に叙せられたのは、公家では五摂家（近衛・鷹司・九条・一条・二条家）、三条実美、岩倉具定《ともさだ》（具視の子）。武家では薩摩藩主だった島津忠義、その父久光、長州藩主だった毛利元徳そして家達だった。明治維新の功労者である三条たちと同格の公爵になったことで、徳川家は公的に復権を遂げたと言えよう。

その時、慶喜の嫡男厚《あつし》にも男爵が授けられた。華族では最下位の爵位だったが、ここに慶喜は天皇の藩屏とされた華族の一員に加えられる。ただし、慶喜自身が公爵を授けられるのは、それから二十年近く経過してのことである。

そして、明治二十年(一八八七)十月三十一日、千駄ヶ谷の徳川邸に明治天皇が行幸する。徳川家にとっては寛永三年（一六二六）以来の慶事だった。時の将軍は三代将軍家光。天皇は御水尾《ごみずのお》天皇。その中宮となる和子《まさこ》は家光の妹である。行幸した場所は京都の二条城。天皇は五日間にわたって二条城に滞在し、舞楽や和歌・管弦を楽しんだ。

それから約二百六十年後の徳川邸行幸はどのようなものだったのか。

勝海舟は1887年に伯爵になっている
＝©朝日新聞社

公爵の家達を補佐して天皇を徳川邸で迎えたのは、同年五月に伯爵に叙せられた海舟、子爵に叙せられた山岡鉄舟と大久保一翁の三名であった。天皇に従う形で徳川邸を訪れたのは第一次伊藤博文内閣の閣僚の面々。その一人である逓信大臣の榎本武揚も、山岡たちと同じ日に子爵に叙せられていた。

　徳川御三家、御三卿。福井藩主だった松平春嶽、津山藩主だった徳川家後見人の松平確堂《かくどう》といった徳川家一門の面々は徳川邸で催された晩餐会に陪席し、天盃《てんぱい》を賜る。男爵に叙せられた厚も天盃を賜った。

天皇を迎えた徳川家では、邸内で流鏑馬《やぶさめ》を披露した。武家の棟梁つまり将軍としてのプライドを政府に示したと言えなくもない。

鳥羽・伏見の戦いで一時朝敵に転落した徳川家は国政に復帰することはなかったものの、今回の行幸により名実ともに復権した。明治政府といわば「手打ち」をしたのだ。その翌日にあたる十一月一日には、皇后も徳川邸を訪れたが、慶喜は依然として静岡にとどまったままであった。

慶喜が家達に感じる「負い目」

慶喜は静岡でどんな生活を送っていたのか。

一言で言うと、趣味の世界に没頭していた。室内では能、小鼓、洋画、刺繡。野外では小銃による狩猟、鷹狩、投網。さらに、人物や風物などの写真撮影に熱中する。慶喜の家扶《かふ》が残した日記によると、狩猟となると連日のように外出し、日が落ちるまで屋敷に帰らなかったという（家近良樹『その後の慶喜』講談社選書メチエ）。

慶喜は、明治維新により政治的生命を奪われた。その後、赦免されたものの、反政府運動と受け取られかねない言動に及べば朝敵への逆戻りを余儀なくされる境遇が、慶喜を政治の世界から逃避させ趣味の世界に没頭させたのである。

時代が少し前後するが、明治十三年（一八八〇）五月、慶喜は官位が上がり正二位に叙せられ、朝敵に転落する前の位階に戻った。十五年には、側室との間に生まれた嫡男の厚が徳川宗家からの分家を認められる。以後は、厚が慶喜に代わって宗家などとの応接に当たった。

二十一年（一八八八）六月には、従一位に叙せられる。生前では、これ以上昇進することのない極位であり、官位では将軍時代を越えてしまう。ちなみに、この年に慶喜は一家を挙げて、紺屋町から同じ静岡市内の西草深町の新居に引っ越す。東海道線の開通に伴い建設されることになった静岡停車場予定地に、紺屋町の旧居が含められていたからである。

しかし、慶喜は官位の上昇にもかかわらず、自分の言動には細心の注意を払い続けた。政府からの視線を気にしていたからだが、自分の出身母体である徳川家からの視線も絶えず気にした。とりわけ、宗家当主の家達には非常に遠慮していた。

両者の関係だが、慶喜は宗家の当主たる家達の支配下にあった。慶喜に仕える家扶たちにしても、家達から任命された者たちだった。慶喜は宗家から監視される状態で、慶喜の生活費にしても大部分は宗家からの送金によって賄われた。

例えば、慶喜が西草深町の新居に引っ越した際、その建築費用は宗家から支出された。子供たちの東京での遊学費用や慶喜が上京した折の旅費も、宗家の負担だった。

生活支援を受ける慶喜の立場としては宗家の家達には遠慮せざるを得なかったわけだが、それ以上に自分が徳川幕府を終わらせ、あまつさえ朝敵の汚名まで受けたという負い目を強く感じていた。明治に入っても、維新の際の政治的責任を徳川家内部から問われ続けたのである。

家達にしても、慶喜にはあまり良い感情を持っていなかった。

「慶喜さんは徳川を亡ぼした方。私は徳川家を再興した人間」とよく語っていたという（遠藤幸威『女聞き書き　徳川慶喜残照』朝日新聞社）。

慶喜は家達の冷たい視線も感じながら明治の世を生き抜く。そして因縁の関係にあった海舟からも厳しい視線を向けられていた。

(3) 栄一の苛立ち

政治的発言を避け続ける慶喜

明治天皇が家達邸に行幸した二年後、明治二十二年(一八八九)には、家康が江戸城に入ってから三百年を祝う「東京開市三百年祭」が上野公園で挙行された。祭典の執行に際しては宮内省を通じて五百円(現代の約五百万円に相当)が下賜されたが、栄一も資金面でバックアップしている。

徳川家は復権への歩みを着実に歩んでいたものの、栄一の心は晴れなかった。依然として慶喜は静岡にとどまり、世捨て人のような生活を強いられていたからである。何とかして、もう一度世に出て欲しかった。

静岡在住は約三十年にも及び、慶喜はその間、自己の行動を律した。

明治十年代のことである。一橋派として慶喜の将軍擁立に奔走した経歴を持つ松平春嶽、大政奉還時の老中首座・板倉勝静《かつきよ》、その上奏文を書いた若年寄・永井尚志が訪ねてきたことがあったが、面会していない。

このような大物だけでなく、総じて、幕府時代に関わりのあった人物とは意識的に会わないようにしていた。だが、一人だけ例外がいた。栄一である。

栄一が大蔵省に出仕していた頃は、慶喜のいる静岡まで出向くことはなかなか難しかったが、下野後は銀行経営の件で大阪まで東海道線で往復する際に静岡駅で下車して御機嫌うかがいをしている。栄一はそれを自分の務めと位置付け、慶喜に面会できるのを楽しみにしていた。

フランス留学の機会を与えてくれた慶喜への感謝の念が忠誠心の原点となったことはすでに述べたとおりだ。栄一は恩義に報いるために足繁く通ったのである。慶喜も栄一がやって来るのを心待ちにしたようだ。栄一が民間人の立場になったことも気を許す理由になっていただろう。

実は、栄一は慶喜の家計を支えていた。残る資産を株に投資したり、銀行に預けて利殖を計っている。まさに、栄一はその方面には適任だった。物心両面で慶喜に尽くしていた。

こうして、慶喜は栄一には心を開くようになり、二人の固い信頼関係が築かれたが、相手が栄一であっても、ある一線は決して越えなかった。政治向きに関する話題になると、話をそらすのである。

官に居る間は、思ふ様に静岡へ往復する事も出来なかつたが、自由の身になつた後は、銀行用で大阪へ往復の折には、必ず静岡に伺候する事と定め、紺屋町の御住居へも数回参り、後に草深町に御新邸が出来てからは、其方へも度々伺候した。伺候の数の増す毎に、親しく御話も出来るやうになり、御慰藉として時候に適する品物などを持参したり、又落語家・講釈師などを連れて御慰め申した事もあつた。私が官を罷《や》めて後始めて拝謁した時に、在官中の見聞を話題として、三条・岩倉・又は大久保利通・西郷隆盛・木戸孝允などいふ諸公の話を申上げると、公は何時もそ知らぬ風をなされて、話題を外に転ぜさせられるので、公は全く政界の事を見聞せらるゝを避け給ふ御意思であると悟つたから、其後は聊《いささか》も政治に渉る事をば申上げなかつた。唯何時か公然と社会に御顔出しが出来る様になつたらば、嘸《さぞ》喜ばしい事であらうが、さういふ機会が何時来るか、又は到底来ぬであらうかと、常に焦慮して居た。(『徳川慶喜公伝』I　平凡社東洋文庫)

静岡での生活を強いられている慶喜の立場に立てば、東京の様子、政治向きのことも知りたいはずだ。幕末には国政を主導し、将軍職も勤めた人物である。現在の内閣に対する意見も持っているに違いない。

そう思った栄一は意識的にその種の話題を出したが、水を向けられても慶喜は決して応じなかった。当たり障りのない世間話には応じるものの、政治向きの話題になると、途端に何事も話さなくなるのである。

そうした姿勢は、自分の家族に対しても同じだった。息子たちが明治維新の時のことをいくら尋ねても、何も答えなかったという。政治的発言につながる言動は決してしないという意思の強さが示されている。それだけ明治維新という政権交代は慶喜にとって触れられたくない屈辱だった。

そんな慶喜の様子を三十年近くも、栄一は近くで見続ける。いつの日か、再び表に出てもらいたいと思わないではいられなかった。この思いが慶喜伝記の編纂につながるが、栄一の切なる願望の前に大きく立ちふさがる人物がいた。

海舟である。

栄一の義憤

慶喜は東京に転居するまで、静岡を離れたことがまったくなかったわけではない。明治二十二年（一八八九）には上京した足で水戸まで赴いている。

だが、三十年（一六九七）に東京に移るまでのほとんどの期間は静岡の家を動かなかった。引き続き政府に対する恭順の意思を身をもって示したが、その裏には静岡での生活を望む海舟への配慮があった。

しかし、毎年のように静岡の慶喜のもとに赴いた栄一にしてみれば、かくも長きにわたって謹慎生活を送らざるを得ない姿を見るのは耐え難いものがあった。いきおい、その不満は海舟に向けられる。小僧扱いされたこともさることながら、慶喜に静岡居住を求め続けたことが海舟に対して不快感を抱いた最大の理由となる。

私は、勝伯が余り慶喜公を押し込めるやうにせられて居つたのに対し快く思はなかつたもので、伯とは生前頻繁に往来しなかつた。勝伯が慶喜公を静岡に御住まはせ申して置いたのは、維新に際し将軍家が大政を返上し、前後の始末が旨く運ばれたのが一に勝伯の力に帰せられてある処を、慶喜公が東京御住ひになつて、大政奉還前後に於ける慶喜公御深慮のほどを御談《かた》りにでもなれば、伯の金箔が剝げてしまふのを恐れたからだ、などといふものもあるが、まさか勝ともあらう御人が爾《そ》んな卑しい考へを持たれよう筈がない。たゞ慶喜公の晩年に傷を御つけさせ申したくないとの一念から、静岡に閑居を願つて置いたものだらうと私は思ふが、それにしても余り押し込め主義だつたので、私は勝伯に対し快く思つて居なかつたのである。（デジタル版「実験論語処世談」〈3〉）

海舟が慶喜にこれ以上傷を付けたくない余り、静岡にとどまるよう求め続けた気持ちは分からないでもない。しかし、いくら何でも三十年近くもの間、静岡に留め置いたのはあまりにも長いではないかと栄一は密かに考えていた。

そして、慶喜を世間には出さず静岡に押し込めておいた海舟の真意を、他の者が言っているとして栄一は次のように紹介する。

戊辰戦争があったとはいえ、徳川幕府から明治政府への政権交代が割合スムーズに進んだのは、江戸無血開城の立役者となった海舟の功績と世間では思っているが、そうではない。慶喜の深慮があったればこそだ。

だが、慶喜が東京に戻って自分の深慮を語ってしまうと、海舟の功績ではなくなってしまう。それを恐れた海舟が、慶喜を静岡にとどめ続けたのである――。

一応、そうした指摘を否定してはいるものの、当の栄一自身がそう思っていたことは文脈から見えてくる。

慶喜の境遇に悲憤慷慨する余り、次のようなことまで語っている。


慶喜公の冤罪をば、誰が慰めて呉れるであらう、廟堂の人々の言ふ公議も輿論も、口ばかりでは何の用をも為さぬ、此公をば斯く幽暗の中に閉蟄《へいちつ》せしめて置いて、他の人々が頻《しきり》に威張り散らすのは、甚だ以て怪《け》しからぬと憤慨したのである。(『徳川慶喜公伝』I)

栄一がわざわざ静岡の慶喜のもとに伺候したのは、自分では政権交代の真実を伝えることのできない慶喜の鬱屈した気持ちを慰めるためだった。慶喜を日の当たらない場所に押し込めておいて、他の人がしきりに威張り散らすとは実にけしからんと憤慨しているが、

「他の人」が海舟を指していることは容易に想像できる。

一方的な思いだったのかもしれないが、海舟に対する義憤が栄一をして自身を引き立ててくれた恩人たる慶喜のもとに赴かせた。その義憤と感謝の思いが次章で取り上げる慶喜の名誉回復、さらには私財をなげうっての伝記編纂につながっていく。

さらには公爵受爵など、慶喜のさらなる名誉回復を実現させる栄一の原動力となっていく。もちろん、慶喜の名誉回復自体は、後半生を賭けての海舟の目標でもあった。

慶喜を静岡に留め置いた海舟の狙いは別のところにあると栄一はみていた。慶喜の深慮があったからこそ平和裏に政権交代が実現したという事情が世間に知られるのを恐れ、静岡に押し込めたと言いたかったわけだが、海舟が覆い隠そうとした深慮とはいったい何か。

薩摩・長州藩を幕府の力で抑えることは可能だが、それでは国が疲弊する。国家のためにはならない。両藩が天皇を戴いている以上、その無理難題を甘んじて受けるのが臣下の取るべき道と覚悟し、朝廷への恭順姿勢をあくまでも貫かなければならない――。

そうした決意こそ慶喜の深慮であった。それだからこそ、臆病者と謗《そし》られながらも、一切弁解せずに後半生を送った慶喜に、栄一は最大級の賛辞を贈り続ける。

栄一としては、スムーズな政権交代が海舟の功績にすべて帰するような風潮には釈然としない思いが強かった。政権交代の立役者は海舟ではなく、慶喜なのである。この真実を伝えたい――。

栄一は歴史の真実を後世に伝えるため、伝記の編纂を計画するのである。

家達にも自重を求める海舟

海舟が厳しい視線を向けていたのは慶喜だけではなかった。徳川宗家の当主家達（「三位様」）に対しても同じだった。政府との間を取り持つ徳川家後見人の立場として、海舟は次のように語る。

一体おれは慶喜公にでも家達公にでも、常々かういつて居るのだ。維新の際に大政を奉還したのは、つまり国家の安寧と、人民の幸福とを望んだので、その当時議論の沸騰したことは、とても今日政治家や新聞屋がわい〳〵いふ比ではなかつた。それをよく抑へ付けて、何事もなく今日に至らしめたのは、実際徳川家の功労である。朝廷に於てもそこを御覧なさつて、華族に取立てられ皇室の藩屏と定められたのだから、もうこの上は、こせ〳〵した事にいやしくも動いてはいけない。他日もし非常な場合が来て、徳川氏出でずんば蒼生《そうせい》（筆者注・多くの人々）をいかんせんといふやうな折があるまでは、まづ〳〵落ちついて居られるがよろしからうと、かういつておくのだ。三位様が市長の候補者を辞退せられたのも、大方そこのところをお考へになつたのであらうよ。（『氷川清話』）

海舟は、徳川家は明治の世では自重しなければならないと考えていた。自分が慶喜の命を受けて主戦派を抑えたことで、平和裏に政権交代が実現したが、その際幕臣たちの間からは、反発が噴出した。その凄まじさは、当の海舟自身も認めるところであった。

それゆえ、徳川家がいきり立つ幕臣たちを抑えて政権を譲り渡した功績は、明治政府も評価している。だからこそ、徳川家は天皇の藩屏たる華族にも取り立てられた。それもトップの公爵だった。

そうした経緯を踏まえて、明治の世で徳川家は軽々しく動いてはいけない。世の人々が必要とする時までは引き続き自重することが肝要という見解を取ったのである。

海舟によれば、家達には公爵の受爵後に東京市長にどうか、などの話が持ち込まれたが、家達はこれを固辞する。徳川家が政府の公職に就くのは遠慮すべきと考える海舟は、その決断を高く評価した。明治三十六年（一九〇三）になって家達は貴族院議長を受けるが、それは海舟の死後のことであった。

海舟は家達にさえ、そうした姿勢だった。まして、慶喜に対しては言うに及ばずである。幕末以来、海舟が慶喜に複雑な感情を抱き続けた事情については既に述べたとおりである。日清戦争が起きた年でもある明治二十七年（一八九四）七月に、海舟は家達に次のような意見書を送っている。

慶喜の軽挙妄動により、朝敵の汚名を受けて追討令まで出されたことは遺憾の極みである。徳川家の祖先に対して合わせる顔もない。幸いにも慶喜の恭順の姿勢を朝廷が受け入れて寛大な処置が下ったが、その恩を忘れてはならない。慶喜は生涯を通じて、朝敵の汚名を受けたことについて反省を欠いてはならない。

家達はこの意見書を慶喜に見せている。海舟がそう求めたのだろう。（「勝海舟意見書写」江戸東京博物館史料叢書『勝海舟関係資料　文書の部』）

尊王精神が強かった慶喜にとり、朝敵に転落した過去は人生の汚点に他ならず、最も触れられたくない事実だ。海舟はそんな慶喜の泣き所を充分に踏まえた上で、その言動に釘を刺したのである。

慶喜は明治維新から三十年近く経過した段階になっても、海舟から反省を求められる状態だった。そんな海舟のプレッシャーを感じながら、静岡での生活を続けたのである。

海舟と刺し違える覚悟の幕臣

海舟に対する栄一の憤懣は募るが、実は海舟にしても慶喜を生涯、静岡に留め置くつもりはなかった。慶喜の言動に釘を刺しながらも、東京に転居させる時機を見計らっていたというのが真実に近いだろう。

慶喜は東京に転居する明治三十年までの間に、前述した二十二年のほかにも数回東京に出ている。

明治二十七年（一八九四）七月九日、東京で治療を受けていた正室の美賀子が死去すると、急ぎ上京したが、美賀子より二歳年下の慶喜にしても齢《よわい》六十に近づこうとしていた。ここに、海舟も還暦近い慶喜の東京転居に向けた動きをはじめる。

同月、海舟は宮内大臣の土方久元に書簡を送り、老齢を理由に慶喜を東京に転居させ、分家していた息子の厚の屋敷か別邸に住まわせたいという考えを開陳した。先の家達宛て意見書を海舟が作成した月でもある。その後の海舟のアクションは不明だが、結局のところ慶喜は静岡にとどまり続ける。
海舟には慶喜を東京に転居させる意思はあったものの、結果からみると、すぐにはそうならなかった。栄一が海舟に不快感を抱く一番の理由にもなるが、そんな思いを共有する幕臣は少なくなかった。栄一を交えた座談会で実業家の植村澄三郎《ちょうさぶろう》は次のように証言している。植村は元幕臣で、明治後に開拓使などの政府機関に勤務した後、栄一の勧めで民間に転じ、札幌麦酒や大日本麦酒の役員を長年にわたり勤めた人物である。

植村氏（中略）老公が静岡へお出でになつたと云ふことに付ても、随分私がお世話するやうになつてからも、精さんあたりまで少し誤解して居り、慶久公もどう云ふ訳であつたか少し誤解があつたやうに思ふです。詰り千駄ヶ谷公と勝海舟と何か協議でもして、さうして静岡にお置きしたやうに思って居る。それは老公にお合ひになつて話したら無論お分りになつたでせうが、そんなことをお聞きになることもお話になることもなかつたでせう。甚しきに至ると御近親の人さへさう思つて居る。本多静六と云ふ人の父に本多晋と云ふ人があります、是が私の所へ来て本人が話しました。短刀を懐にして海舟翁を訪問して刺さうと思つた事さへあつた、斯う云ふことでした。それで能く氷解して帰つた。（「雨夜譚会談話筆記」『渋沢栄一伝記資料』別巻第五。以下同じ）

慶喜が静岡を動かなかったのは海舟のアドバイスもあったが、何よりも慶喜（「老公」）自身の意思だった。しかし、世間ではそう思わず、海舟と家達（「千駄ヶ谷公」）の差し金とみた。世間どころか、慶喜の七男で跡継ぎとなる慶久や海舟の跡を継ぐ十男の精《くわし》さえ、そう思っていた。

日比谷公園の設計など林学者として知られた本多静六の義父は本多晋《すすむ》という人物だが、かつては敏三郎という名で彰義隊創設に関わった幹部の一人だった。彰義隊は東征軍（明治新政府）に討伐されている。慶喜の意思に従い、彰義隊に東征軍への恭順を求めた海舟とは、同じ幕臣ながら対極の立場にあった。

この資料によれば、そんな本多が海舟のもとを訪ねたことがあった。海舟の差し金により慶喜が静岡に留め置かれていると思い込んだ本多は、慶喜を東京に戻すよう直談判に出たのである。場合によっては刺し違える覚悟だったが、静岡にとどまっているのは慶喜自身の意思でもあった事情を了解し、何事もなく済んでいる。

それは詰り世の中が定つたから東京へ帰つたら宜《よ》からうと云ふことを、お世辞に云ふ人もあるし、本当に言ふ人もある。殊に明治天皇の御内命もあつたこともあるらしいが、未だ出る時でないと云ふのが海舟翁並に老公あたりのお考である。それを海舟翁と千駄ヶ谷公が東京へ出されぬやうにした、斯う誤解して居る。本多あたりは海舟翁に直接打突かつて議論をして諒解した。其諒解が本当に行届いて居らない。是がどうも惜しい事でした。三十年鳴かず蜚《と》ばず、凝《じ》つとして居つたと云ふことが非常に世間の同情を受けたと云ふことは事実です。あれが早く出てお出でになるとさうは行きませぬ。そこが偉い所で、私共は諒解して居る。そこがどうも凡人の諒解に苦しむ所であります。

渋沢子爵。大抵の人はもつと早く都合が尽きさうなものだと思つたでせう。

海舟そして慶喜自身も、まだ東京に出るべき時ではないと考えていたが、そうした裏事情が世間に知られていない。三十年間自重したからこそ、慶喜は世間の同情を受けた。かくも長い期間静岡で謹慎したのだから、もう十分過ぎる。禊《みそぎ》は済んだというわけだ。

こうして、もう表に出ても良いのではないかという世論が醸成されたと植村はみていた。その点、徳川家は世間が必要とするまで自重することが肝要と考えた海舟と、考え方は同じだった。

もし、慶喜が謹慎処分の解除を受けて、そのまま東京に出てしまえば、世間は同情せず厳しい視線が注がれたに違いない。そんな微妙な人情を慶喜はわきまえていた。要するに、静岡で自重し続ける道を選んだからこそ、慶喜に同情する世論が生まれた。そうした慶喜の深謀遠慮を評価すべきと植村は言いたかったのである。

しかし、慶喜の名誉回復や復権を強く望む栄一からすると、もっと早く東京に出てきても良かったのではと思わざるを得なかった。そんな納得できない気持ちが言葉にも表れている。

第六章

名誉回復への道のり

――生命をかけて徳川家を守る

（1）慶喜の皇居参内と海舟の死

慶喜の東京転居

慶喜は、もともと尊王精神が強かったから、朝敵に転落した過去は人生の汚点に他ならず、最も触れられたくない事実であった。

海舟は慶喜の泣き所を十分に踏まえた上で、その言動に釘を刺し続ける。長州再征での和平交渉など、慶喜に苦汁を嘗《な》めさせられた様々な過去が海舟にはトラウマとなっていた。

そんな海舟のスタンスに栄一は苛立ちを隠せなかった。慶喜の境遇に対する義憤と海舟への不快感が募る余り、一方的とのそしりは免れないかもしれないが、「海舟には含むところがあって慶喜を陽の当たらない場所に置き続けた」と考えるまでに至る。

繰り返し述べたように、慶喜の深慮がスムーズな政権交代を可能にしたが、これが世間に知られないようにするため静岡に押し込め続けるのではないか。さもないと、江戸無血開城を実現させたという自分の功績が消えてしまうからである。

それが事実か否かは分からないが、海舟と慶喜が互いに複雑な感情を持っていたことは間違いない。しかし、いまや海舟は私情を捨てて慶喜の助命や謹慎解除に動いており、慶喜にしても戊辰戦争の折に海舟に命を助けられたことには負い目を感じていた。慶喜が海舟の要望に応え続けることで二人の関係は続いていた。

だが、そんな関係も、明治も後半になると終わりが近づく。海舟の厳しい視線にさらされながらも、慶喜は陽のあたる場所へと出ていく。海舟の死も近くまで迫っていた。

名誉回復がなされた徳川慶喜
＝©朝日新聞社

明治二十二年（一八八九）に入ると、慶喜はそれまで頑なに接触を避けてきた幕臣たちとも対面するようになる。自分が従一位の極位を授けられたことに加え、息子の厚（男爵）が天盃を賜るなどの殊遇を受けたことと無関係ではなかったはずだ。

この年の九月八日には、静岡にやって来た榎本武揚と再会を果たす。箱館五稜郭に立て籠もって最後まで明治政府に抵抗した人物である。かつて慶喜を榎本討伐の大将に起用しようという政府内の意図を受け、その実現に向けて動いたのは奇しくも海舟だったことは第三章で述べた。当時、榎本は黒田清隆内閣の文部大臣を勤めていた。

それから八年後の明治三十年（一八九七）になると、ついに東京への転居を決断する。もちろん海舟の了解を取った上での決断だった。慶喜が東京に向かったのは十一月十六日のことである。東京での新居は既に巣鴨の地に用意されていた。

東京転居から間もなく、慶喜は皇居に参内して天皇と皇后に拝謁するが、実現に向けて奔走したのは有栖川宮威仁《たけひと》親王である。慶喜の実家水戸徳川家と有栖川宮家は、長らく姻戚関係にあった。

水戸家と有栖川宮家の関係を整理しておこう。

慶喜の父徳川斉昭の正室は有栖川宮織仁《おりひと》親王の娘吉子《よしこ》で、慶喜とその兄で水戸藩主となる慶篤《よしあつ》を産んだ。その後、織仁親王の孫幟仁《たかひと》親王の娘幟子《たかこ》が慶篤の正室に迎えられる。後に、慶篤・慶喜兄弟の異母妹貞子《さだこ》は幟仁親王の子熾仁《たるひと》親王の妃となっている。いささか複雑だが、要するに有栖川宮と水戸家は重縁の関係にあった。

威仁親王の兄が熾仁親王である。熾仁親王と言えば、将軍徳川家茂の御台所となった和宮の元婚約者として知られる。鳥羽・伏見の戦い後、慶喜の討伐を呼号する東征軍の大総督に任命されたのが熾仁親王だった。運命のいたずらで、水戸家と有栖川家は敵味方に分かれたのだ。

明治に入ると、熾仁親王は元老院議長や参謀総長などの要職を歴任し、日清戦争中に病死する。慶喜が東京に転居した頃は、弟の威仁親王が有栖川宮家を継いでいた。

一時期、有栖川宮家は慶喜と敵対する立場になったが、水戸家との重縁もあり慶喜に好意を持っていた威仁親王は、天皇・皇后に皇居で拝謁できるよう尽力したのである。

皇居参内――三十年ぶりの江戸城

慶喜が東京へ転居した翌三十一年（一八九八）三月九日、威仁親王は慶喜にはじめて会う。同じ日に海舟とも会っている。慶喜の参内について打ち合わせたのだろう。海舟の回顧録『氷川清話』によれば、徳川家からも慶喜参内について相談があって、海舟は内々で奔走したという。そして、参内の日は来る三月二日と決まった。

当日、慶喜は皇后美子《はるこ》にも拝謁しているが、実は浅からぬ縁があった。美子は五摂家の一条家当主忠香《ただか》の三女だが、姉の千代姫は慶喜の正室に迎えられる予定だった。

ところが、父斉昭が反対したためか、破談となってしまう。その後、今出川公久《きんひさ》の娘として生まれた美賀子が忠香の養女となって慶喜の正室に迎えられた。皇后の実姉は慶喜の正室になるはずだったが、実際は義理の姉が迎えられたのである。慶喜は皇后と義兄弟の関係にあった。

三月二日、慶喜はかつての居城である皇居に参内し、天皇と皇后に拝謁する。参内当日は家達が同行した。三十年ぶりの旧江戸城だった。慶喜は還暦を超えていた。

この日の慶喜の参内拝謁は、皇后の配慮も相まって上首尾だったようだ。その後も、実家の一条家に出向いた際には食事に招くなど、皇后は慶喜への配慮を欠かさなかった。

海舟は、日記にその日の感想を次のように書き留めている。

「維新からの三十年来の自分の苦心が多少なりとも通じたのではないか」――と。

皇居で天皇への拝謁を許されたことで、晴れて慶喜は朝敵としての過去に訣別することができた。慶喜はもちろん、海舟にとっても感慨深い記念日であった。

この日を境に、慶喜は表に出ることを遠慮しなくなる。世間の目を気にしなくなっていく。例えば、自転車に乗って東宮御所や家達邸、そして銀座にまで出かけることも珍しくなかった。皇居で執り行われる公式行事にも積極的に参加していく。慶喜は過去を清算したのである。

翌三日、慶喜は家達とともに海舟邸を訪れる。慶喜の日記によると、海舟は次のように語ったようだ。

前日の皇居での拝謁の様子を話したところ、海舟は「誠に結構なこと」と述べている。上首尾だったことが確認できる。自分の思うとおりになり、「恐悦である」とも述べた。海舟自身は『氷川清話』で「生きていた甲斐があり、嬉し涙がこぼれた」と語っている。

慶喜は持参した絹の布を差し出し、「楽天理」と揮毫《きごう》して欲しいと海舟に依頼する。これから、天理に背かぬよう生きていくための戒めの言葉だ。参内と拝謁を許してくれた天皇の恩に報いるとともに、徳川家を絶やすようなことはしないという決意である。海舟は快諾し、「楽天理」と揮毫した。（松浦玲『勝海舟』筑摩書房）

海舟はこの日をもって、慶喜の監視役としての仕事に終止符を打ったのである。

海舟の死

薩摩・長州藩から成る明治政府に政権を譲り渡した責任感から、海舟は天皇や内閣に意見書を提出することが少なくなかった。政府から任命された枢密院顧問官という立場を生かしたのだ。政府の監視役を自認していたわけだが、そうした姿勢は前政権たる徳川家に対しても同じであった。

しかし、慶喜は東京へ転居し、天皇にも拝謁できた。三十年余の歳月を経て名誉回復を実現したのである。

それから一年も経たない明治三十二年（一八九九）正月十九日に、御目付役の海舟はこの世を去った。享年七十七。

二月八日、慶喜の十男で養子に迎えていた勝精に伯爵が授けられた。

西南戦争の際、西郷は慶喜と同じく朝敵に転落したが、海舟たちの奔走もあって十年前の二十二年二月に賊名が取り除かれていた。その後、西郷の銅像が上野公園に建立されることが決まり、三十一年十二月十八日に除幕式が執り行われる。時の総理大臣・山県有朋が祝詞を読み、海舟も式典に出席しているが、それから一カ月後に急逝したのである。

海舟の死をもって、名実ともに慶喜はその監視下から解き放たれた。栄一以外は誰も知らない、栄一と海舟との水面下での戦いも終わった。

天皇・皇后に拝謁した後、慶喜は天皇家との交流を深めていく。参内から二カ月後の五月二十日には、東宮御所で皇太子時代の大正天皇に拝謁する。

皇太子との交流はとりわけ親密だった。その輔導を担当する威仁親王が、慶喜との間を取り持っていたのだ。三十五年（一九〇二）二月には静岡県興津《おきつ》に伺候し、皇太子の話し相手を勤める。慶喜の興津滞在は二週間以上にも及んだ。

勝海舟の自画像。画賛（書）の大意は「小事にこだわらないのは自分の気質である」。書き損じの４文字を修正し貼ってある。作成年不明＝国立国会図書館ウェブサイト

海舟が死去した三十二年正月からは、増上寺と寛永寺の境内に鎮座する両東照宮への参詣をはじめる。朝敵となったことで徳川将軍家代々の顔に泥を塗ってしまったが、その祖である家康の霊廟《れいびょう》にも参詣できる心境に

達していたのだ。

天皇への拝謁により、朝敵とされた自分の名誉は回復されたと慶喜が認識していたことが改めて確認できるのである。

(2) 慶喜を再び世に出した栄一

麝香間祗候となる

明治三十一年は慶喜だけでなく、その名誉回復を待ち望んでいた栄一にとっても悲願が叶った記念の年となるが、東京転居と皇居参内そして天皇への拝謁だけでは満足していなかった。慶喜のさらなる殊遇を強く望む。

栄一が具体的に何を望んでいたかは記録に残っていない。ただ、分家した厚が男爵を授けられている以上、同じく華族に列せられること、それも家達と同格の公爵を授かることだったのではないか。

だが、政府内には慶喜の殊遇をめぐり異論があった。伊藤博文と並んで長州藩を代表する政治家として首相を二度勤めたことのある山県有朋はその一人だった。慶喜が東京に転居する前の話である。陽のあたる公の場所へ出てもらいたいという年来の気持ちを栄一が山県に伝えたところ、次のように返してきた。

私が大磯で慶喜公の事を調べてゐる時、偶然山県さんが来合せて、私の調べてゐるのを見て、君は妙な事をすると云つたから、之れは恰度《ちょうど》よい時機だと思つて、慶喜公が世の中へ出られるやうにと山県さんに私の苦衷を訴へると、山県さんは「あゝなつたんだから盛返しに君が心配しても賛成は出来ぬ」との事だつた。当時山県さんは、勢力ある人だつた。それから此事を井上さんに内々話したら「伊藤に話す方がよい。山県では駄目だ」との事で伊藤さんに話した。(「雨夜譚会談話筆記」『渋沢栄一伝記資料』第五十七巻。以下同じ)

栄一は慶喜の事績について調べていたようだ。名誉回復のため、幕末の政治情勢を検証していたのだろう。どれだけ朝廷に尽くしていたのかを明らかにし、その後も朝廷に恭順を貫いた慶喜こそ明治維新の最大の功労者であることを証明したかった。

しかし、そうした主張は慶喜を朝敵にすることで政権交代を実現した明治政府にとって、受け入れがたいものだった。そのため、山県は栄一に苦言を呈したのである。

苦慮した栄一は井上馨に相談したところ、慶喜殊遇の件は伊藤に提案するようアドバイスを受けた。井上は栄一とともに下野した後、再び政府入りして閣僚を歴任し、伊藤が内閣を組織した時は外務大臣などを勤める。同じ長州閥ではあるものの、伊藤と山県とは違う政治スタンスを取っていると井上はみていたが、伊藤はこの件についてどのような立場であったのか。栄一の談話を見てみよう。

するると明治三十年慶喜公御上京後に伊藤さんが私に「慶喜公を今の儘《まま》にして置くのは気の毒だ、只今の処完きを望めないが麝香間祗候位は許されるだらうと思ふ」と云つた。私はそれでも良いから頼んだ。後になつて伊藤さんが「此間はあんな事を云つたが、慶喜公が却つて迷惑に思はれては気の毒だから、君一寸慶喜公の内意を伺つて呉れぬか」と云つたので、此事を慶喜公に伺つて見ると「私は維新の時に首を差上げる事を覚悟した。今でも同じ所存で居る」との御返事であつた。伊藤さんに此旨伝へると成る程旨い事を云ふと云つた。

それまで、伊藤が慶喜をどう思っていたかはよく分からないが、東京転居後は慶喜の殊遇を考えるようになる。栄一が運動した結果だろう。

しかし、政府内には異論もあり、すぐ華族に加えるのは難しかった。そこで考えたのが、麝香間祗候という殊遇だったのだ。名誉職に過ぎなかったが、宮中での席次は侯爵よりも上とされた。公爵となる家達にしても麝香間祗候からのスタートだった。

ただ、伊藤としては慶喜の立場を考える。前政権のトップだった人物が現政権の実権のない名誉職に就くことをどう思うだろうか。麝香間には維新の功労者とはいえ、将軍時代は慶喜と同席することなど到底許されない藩士クラスも詰めていた。同席になるのを快く思わないのではないか。

そのため、栄一を通じて慶喜の意思を打診したところ、自分は維新の時に朝敵となり、死を覚悟していた。今もその気持ちである。つまりは、そんな不満など持っていないと返答した。伊藤は慶喜に好意を持ったようだ。

伊藤が動いたことにより慶喜が麝香間祗候を命じられたのは、三十三年（一九〇〇）六月二十二日のことである。以後、慶喜は定期的に皇居へ参内するようになる。

皇居は、かつての江戸城西丸跡地に建てられていた。自分が追い出され、代わりに天皇が入ってきた旧江戸城たる皇居に参内できるのを、慶喜はたいへん名誉なことと心から思っていたらしい。実際、定例の参内は欠かさなかった。既に気持ちの整理はできていたのである。

伊藤博文の素朴な疑問に慶喜は——

皇居に参内するようになったことで（毎週木曜日、明治四十五年九月二十四日以降は水曜日）、天皇との距離はさらに縮まるが、その前年、慶喜の娘が皇太子妃候補に選ばれるという出来事があった。

皇居参内実現の労を取り、皇太子との対面を仲立ちするなど、有栖川宮と慶喜の関係はきわめて良好だったが、他の宮家とは既に姻戚関係にあった。東京転居直前の三十年一月九日、慶喜の九女経子《つねこ》が伏見宮家出身の華頂宮博恭王《かちょうのみやひろやす》（当時・海軍少尉）と結婚している。宮家の婚姻であるから、当然天皇の許可を得た上でのことである。博恭王は後に伏見宮に復籍し、昭和になってからだが、軍令部総長に就任している。

慶喜が天皇に拝謁した明治三十二年には、久邇宮・北白川宮家や五摂家の九条・一条家の娘とともに、慶喜の八女国子と十女糸子が皇太子妃候補としてリストアップされる。最終的に公爵九条道孝《みちたか》の四女節子《さだこ》と慶喜の八女国子に候補が絞られたが、天皇の裁断により九条節子に決まる。

娘が皇太子妃候補に選定されたことは、まさに天皇や皇族との良好な関係を物語るものだった。麝香間祗候が許される下地にもなったはずである。

そんななか、慶喜と伊藤が親しく言葉を交わす機会が訪れた。威仁親王が来日中のある外国王族を自邸に招いて晩餐会を開いた時、二人が陪席したのである。それも席が向かい合いだった。伊藤はこれ幸いと、年来の疑問を慶喜に直接ぶつけてみた。その時のやり取りを栄一が語っている。

其から大分後になつてから、突然慶喜公を伊藤さんが頻《しき》りに敬服したと云つて斯んな話をした。有栖川家で外国王族を招待なされた時、慶喜公と伊藤さん二人が相客として呼ばれた。恰度《ちょうど》二人の席が向ひ合つたので、伊藤さんが失礼ではあるがと思ひ乍《なが》ら、書生流の質問をして「謹慎、恭順と云ふ事は、時々誠心誠意と一致せぬもので御座いますが、それを如何して貴方は一致なされたか」と質《ただ》したとき、公は「私は親の命令に従つた迄の事です。私の意見と云ふより寧《むし》ろ家の教と云つてよい。私が二十歳の頃親が私を呼んで、お前も成人したから之れ丈《だ》けの事はよく諒解して置かなければいかぬ。今後の世の中は或ひは大事を生ずるかもしれない。其場合心得を違えぬ様、国に対し天子に対して斯うしなければならぬと云ひ聞かされた。私は親の言葉を肝に銘じて其の通り行つた迄で私の考ではない」と返答なされたとて、伊藤さんが深く敬服して居つた。併し慶喜公を公爵にしたのは桂さんであつた。

鳥羽・伏見の戦いで一敗地にまみれただけで、慶喜が早々に朝廷への恭順姿勢を示し、その姿勢を最後まで貫いたことは、慶喜を討つ側の伊藤にとり意外なことであった。一度戦いに敗れたからと言って、そのまま薩摩・長州藩に降伏するとは考えにくく、当然巻き返しをはかってくるとみていたからだ。

栄一にしてもフランスの地から、両藩と決戦に及ぶよう慶喜に説き迫ったぐらいである。それが当時の常識だった。

ところが、慶喜は幕臣たちの抗戦論を抑え付け、江戸城を平和裡に明け渡す。結果として、明治政府への政権交代がスムーズに進むための歴史的役回りを演じた。慶喜から政権を譲り渡された側の伊藤としては、それが不思議でならなかった。

慶喜が伊藤に答えるには、自分は父である斉昭の教えに従っただけなのだという。天皇（朝廷）には決して背いてはいけないという教えである。

水戸藩といえば尊王論をリードした水戸学で知られた藩であり、斉昭などは全国の尊攘派の志士からの期待を一身に集めて神格化されたほどだ。慶喜自身は開国論だったが、尊王論の立場を取る点では斉昭と同じだった。だからこそ、朝敵に転落したことは骨身にしみたのである。

自分を朝敵にした薩長両藩のことを本当はどう思っていたかは別として、慶喜は鳥羽・伏見の戦い後の政治的行動をそのように説明する立場を固守した。いかなる状況であろうと、天皇の意思には従うという原則で行動したのだと、伊藤つまりは政府に向かって表明したわけである。

その後、慶喜は公爵となる。伊藤が慶喜の公爵叙爵のため動いたかどうかは分からないが、少なくとも反対することはなかっただろう。

明治三十五年（一九〇二）六月三日、慶喜は公爵に叙爵された。当時は長州藩出身で陸軍大将の桂太郎が内閣を組織していたが、西郷隆盛の遺子・寅太郎の侯爵叙爵と同日発令だった。西郷も西南戦争によって朝敵とされたが、二十二年に正三位が贈られて名誉が回復されていた。政府としては、バランスを取ったのかもしれない。

公爵実現に向けて動いたのは、威仁親王と香川敬三の二人である。香川はもともと水戸藩士で、一橋家に出仕していた時代には慶喜の側近を勤めた。その後慶喜のもとを離れ、岩倉具視の信任を得る。戊辰戦争時には、東山道鎮撫総督岩倉具定の下で軍監を勤めた。明治政府に入った後は宮中に入り、諸職を歴任する。当時は皇后宮太夫を務めていた。

華族としての務めを果たす

前章で述べたとおり、慶喜は宗家当主の家達に非常に遠慮していた。その支配下にもあったが、公爵受爵を機に自立する。

それまで、慶喜側は家達を「殿様」「御本邸」と呼んでいたが、「千駄ヶ谷様」「千駄ヶ谷御邸」という呼び方に変わる。皇太子の誕生日を祝う賀表の提出でも、従来は宗家を介したが、慶喜から直接提出されるようになる。ちなみに、当時慶喜は巣鴨から終《つい》の棲家となる小石川区第六天町に転居していた。

慶喜の家計にしても宗家からの送金で賄われていたが、公爵受爵後、送金はストップしたようだ。慶喜は第一・十五・三十五銀行、日本鉄道会社、浅野セメント会社、日本郵船会社などの株式を所有しており、その配当収入が大きかった。栄一が創立に関わった会社が大半である。

年末年始には、総理大臣・宮内大臣・侍従長への挨拶を欠かさなかった。日露戦争の祝勝会が華族会館で開催された時も、これに参加している。靖国神社臨時大祭に、麝香間総代として参列することもあった。天皇・皇后が地方に旅行する時は、新橋停車場などでの送迎に参加した。

皇室の藩屛たる華族の義務を、そのトップたる公爵として率先して務めたのである。厚い尊王精神を身をもって示したのだ。

そして、政府関係者との接触も頻繁になる。その際、仲介役となったのが伊藤や井上と太いパイプを持つ栄一だった。

栄一は、八代将軍吉宗のころから桜の名所として知られた飛鳥山（現在のJR王子駅近く）に屋敷を持っていた。明治十二年に別荘地として購入したが、三十四年からはこの飛鳥山邸が本邸となる。栄一の終の棲家にもなった。

栄一は飛鳥山邸に内外の賓客を招くことも多かったが、三十八年（一九〇五）七月二十二日には、昼食会と茶会を兼ねて慶喜、伊藤、井上そして桂首相たちを招待している。

当日飛鳥山邸を訪れたのは、慶喜復活に好意的な面々と言えるだろう。桂は首相として公爵叙爵に尽力し、伊藤は慶喜に好印象を持ち、井上は慶喜復権を切望する栄一を裏で支えた。

そのほか、三井の大番頭として知られた益田孝も招かれている。益田には栄一と同じく幕臣としての経歴があった。江戸開城後に横浜で商売をはじめるが、井上の勧めにより大蔵省に入る。その後、井上に殉じる形で大蔵省を去り民間に下った。井上とともに会社を創立して米の売買で巨利を上げる。この会社は後に三井家を社主とする三井物産会社として生まれ変わるが、その初代社長となったのが益田だった。

商法会議所の設立（会頭が栄一、副会頭が益田）にかかわるなど、実業界では栄一と行動をともにすることが多かった。前章で取り上げた東京開市三百年祭にも同じく資金協力を惜しまなかった。

栄一が自らの人脈を駆使して、政界や経済界の実力者と談笑できる場を慶喜のためにセッティングしたのだ。もっと表に出てもらおうという栄一の思いが伝わってくる。公爵叙爵後も、さらなる名誉回復のために尽力していたのである。

（3）慶喜の伝記に込めた栄一の思い

伝記編纂に躊躇する慶喜

明治維新以来、栄一はある構想を温めていた。慶喜の伝記編纂事業である。維新の際に政権交代がスムーズに進んだのは、朝廷への恭順を貫いた慶喜の政治姿勢に求められることを伝記を通じて天下に知らしめたいと考えたのだ。

その構想を最初に打ち明けたのは、親交のあった福地源一郎だった。明治二十六年のことという。

福地は幕臣としての経歴を持ちながらも明治政府に出仕した人物だが、そのきっかけを作ったのが他ならぬ栄一であった。明治三年秋、大蔵少輔だった伊藤博文は金融制度調査のため訪米するが、栄一はその随行員として福地を推薦した。福地は通訳として二回の洋行経験があり、英語にも堪能だった。翌四年に派遣された岩倉使節団の随員にも、大蔵省一等書記官の肩書で選ばれる。その後退官し、東京日日新聞の主筆として言論活動を展開していた。栄一は資金面でその活動をバックアップしている。

明治十六年に『幕府衰亡論』を著した福地は歴史家としての顔も持っていたが、かつて徳川幕府の通史を編纂したいという願望を栄一に披瀝《ひれき》したことがあった。徳川家を陥れるため、事実を歪曲《わいきょく》してまで幕府の施政を批判する書物がとかく出回っていたことに義憤を隠せなかったのである。その種の書物が出回ると、後世の人間はそこに書かれていることを事実と思ってしまう。幕臣として、残念極まりない。

栄一も幕臣であり、福地の主張には賛同したはずだ。事実を曲げての徳川幕府批判とは、結局のところ慶喜の酷評になるからである。

だが、幕府を倒して成立した明治政府の立場からすれば、そうした類の書物が出回ることはむしろ望ましい側面があった。幕府の施政が批判されるほど、それだけ政権交代の正当性は高まる。

逆に、新政府の不当性を示唆するような言論には厳しい対応をもって臨むだろう。つまりは幕府通史の編纂が当局から危険視されるのを懸念したわけだが、慶喜の名誉回復を切望する栄一は年来の願望である伝記編纂を福地に依頼し、快諾を得る。私財を投じて、伝記編纂に着手しようとした。

ただ、それには慶喜の許可が必要である。栄一は、静岡藩時代の同僚で当時は東京で米穀商を営んでいた平岡準蔵を通じて打診した。平岡は、栄一とともに慶喜の家計向きを支えていた人物である。

ところが、慶喜からの答えは「伝記編纂は許可できない」というものだった。

平岡氏が静岡から帰つての話に、公は御許諾がない、どうぞ止めて呉れと仰せられた、何故に左様に御厭《いと》ひなされますかと伺ふと、世間に知れるのが好ましくないとの事であつたといふ。依つて更に平岡氏と相談の上、必ず世間には知れぬやうに、深く私の筐底《きょうてい》に納めて置きます、私どもは固《もと》より公の千年の御寿命を望むけれども、人生自古誰無死であるから、御死後に於て発表するものとしたならば、御厭ひなくもと思はれます。今の間に存在する史実を集めて、せめては記料にても遺して置かねば、遂に真相を失つて、後世に誤謬を伝へる事と存じます。つまり私の期待する所は、現世にあらずして百年の後にあるからと、再応平岡氏を以て伺ふと、それ程の熱望ならば承諾はするが、世間に公にするのは、死後相当の時期に於てといふ事であつた。（『徳

川慶喜公伝』Ⅰ）

慶喜は、かつての自分が世間に知られるのを忌避したのである。世間で論じられるのが耐えられなかった。朝敵となった事実には決して触れられたくない。

だが、栄一は粘る。その結果、慶喜の死後相当の時期が経過してから伝記を公にするという条件のもと、ようやく許可を得る。

慶喜と海舟への本音

栄一は深川に持っていた屋敷の一室を、伝記編纂の事務所とした。そこに福地が通って執筆にあたったが、史料収集は別の者が担当した。桑名藩出身の歴史学者である江間政発《せいはつ》という人物である。

だが、編纂事業は遅々として進まなかった。三十七年には福地が衆議院議員に当選したため多忙となり、編纂事業は一時中止される。その上、二年後の三十九年（一九〇六）には当の福地が病死してしまう。

ここに至り、栄一は方針を転換する。東京帝国大学教授で史料編纂掛主任を務めていた三上参次に相談し、歴史の専門家に編纂を依頼することにした。

幕府関係者に慶喜の伝記編纂を委託すると、どうしても幕府側の立場からの叙述となる。内容が幕府寄りのものになれば、「不公平な叙述だ」と後世の批判を浴びるだろう。それよりも、中立的な立場で歴史を叙述する専門家に委託した方が良いというアドバイスを受けたのだ。そして、編纂の主任として東京帝国大学教授の歴史家・萩野由之を推薦される。

栄一はこれを承諾する。萩野のほか、東京帝国大学史料編纂所に勤務する井野辺茂雄たちも編纂にあたった。井野辺たちが実務を担ったのだろう。三上は監修のような形で編纂事業にタッチする。

編纂所は、栄一の本拠地とも言うべき日本橋の兜町事務所に置かれた。萩野や井野辺たちがそこに通い、編纂事業がスタートする。時に四十年（一九〇七）六月のことであった。

慶喜は静岡時代、自分の子供たちに対してさえ、明治維新時のことは一切語らなかった。前述したとおり、最初は伝記編纂にもきわめて消極的だった。

しかし、東京に転居して天皇に拝謁した後は、その頑なな姿勢にも変化があらわれはじめる。名誉が回復されると、忌まわしい過去を直視することを厭わなくなったのだ。

公爵叙爵直後にあたる三十五年後半から、慶喜は実家の水戸藩に関する史料を自ら閲覧し、その事実関係について検証する作業に取り掛かる。過去を直視し、歴史の真実を確定していこうという姿勢の表れと言えるだろう。

明治四十年十二月に大隈重信は『開国五十年史』を刊行しているが、その編纂にも協力した。小石川の慶喜邸に赴いた大隈に幕末の外交事情を当事者として語ったのだ。話は大政奉還や江戸城開城にまで及び、その内容は「徳川慶喜公回顧録」として同書に収められる。

あるいは、東京帝国大学史料編纂掛などから幕末史に関する問い合わせを受ければ、これに回答している。新聞社が幕末史について連載する際、慶喜の写真を拝借したいと申し入れてくれれば、これにも応じた。慶喜の書を求める者も後を絶たなかった。

そうした姿勢は伝記の編纂事業にも表れ、萩野たち編纂員の質問にも進んで答えはじめる。慶喜を招いて、編纂員たちが直接質問できる場が設けられたのである。慶喜を囲む会は「昔夢会」と呼ばれた。慶喜自身の命名だったが、栄一も昔夢会に参加している。

編纂作業は次のような手順で進められた。

編纂員が一章ごとに原稿を提出してくると、まず栄一が目を通す。その上で慶喜の供覧に呈し、そのチェックを受けた。正確を期すため、当時の込み入った事情を慶喜みずから編纂員に説明することさえあった。

主に慶喜に質問したのは歴史学者たちだが、その回答に疑問があれば関連史料を提示し、直接問い質す場面もみられた。慶喜が返答に窮してしまうことも稀《まれ》ではなかった。『昔夢会筆記』には当事者の慶喜しか知り得ない幕末政治の裏事情が収められていた。慶喜は伝記編纂を通じて自分の政治行動を弁明する機会を得ることもできたのである。

こうして、慶喜の伝記『徳川慶喜公伝』が編纂された。昔夢会での慶喜と編纂員のやり取りの速記録である『昔夢会筆記』も編纂されている。慶喜の生の声が収められているのが特徴であり、海舟に対する本音を覗かせているのは興味深い。

慶喜が鳥羽・伏見の戦いで敗北して江戸に逃げ帰った後、海舟は徳川家代表として明治新政府との交渉にあたったが、その時に海舟が果たした役割について慶喜は次のように証言する。

――その時の海舟の態度は、世間に伝わっているものとはいささか異なる。海舟の談話として世に伝わるものは、何であれ多少誇張されていると言わざるを得ない――。

世間に伝わっている海舟の言動と実際の言動は違うのだと指摘している。慶喜は海舟の評価に異論を唱え、その言動に不快感を抱いていたことがはからずも明らかになっている。

戦わずして江戸城を明け渡しただけでなく、徳川家の大減封まで招いたことで、海舟は幕臣たちの憎悪を一身に浴びた。その一方、西郷隆盛とともに江戸無血開城を成し遂げたことで、江戸を戦火から救った歴史上の偉人としての評価も当時から高かった。

だが、当事者の慶喜としては、海舟の功績が誇張されて喧伝されることに不満を隠せなかった。具体的には、無血開城時にみせた綱渡り的な交渉術の危うさが念頭にあったのだろう。慶喜としては危険な賭けにしか見えず、直接叱責したが、海舟がこれに強く反発したことは第三章で述べたとおりである。

西郷の度量もあって結果的にはうまくいったが、慶喜としてはそうした交渉に当たらせた負い目があったとはいえ、海舟の言動には不快感を禁じ得なかった。その時の情景が甦ってきたのだろう。過去への反省を求められ続けたことへの反発も底流にあったのは言うまでもない。

納得しがたい感情は、海舟の死後も続いていた。

慶喜の死と伝記の完成

自ら会主となった昔夢会で慶喜を囲みながら、その伝記編纂を進める一方、栄一は慶喜家の顧問と会計監督を務めた。物心両面にわたって慶喜を支え続ける。

栄一は飛鳥山の邸宅に、桜だけでなく牡丹の咲く頃にも慶喜を招待するのが恒例だった。その折には、徳川家達夫妻、その弟で田安徳川家を継いだ達孝《さとたか》、一橋徳川家当主の達道《さとみち》たちも招いている。明治維新以来微妙な関係にあった、慶喜と徳川一門の融和という意図もあったに違いない。

家達をトップとする徳川一門にしても、伊藤や井上に代表される政界実力者と太いパイプを持つ経済界の超大物渋沢栄一は軽視できない存在だった。慶喜としては、心強い後ろ盾である。様々な形で、栄一は慶喜の支えになっていた。

そんな慶喜に衝撃を与える出来事が起きる。

四十五年（一九一二）七月三十日に、明治天皇が崩御したのだ。自分よりも十歳以上若い天皇の死に、病気勝ちになっていた慶喜は衝撃を受ける。後を追うかのように、翌大正二年（一九一三）十一月二十二日に死去する。享年七十七。

これに先立つ同月五日、慶喜の九男誠《まこと》が男爵を授けられていた。慶喜の成人した息子のうち、誠だけ爵位を持っていなかった。家督を継いだ慶久《よしひさ》は公爵、分家した厚《あつし》は男爵、海舟の養子となった精《くわし》は伯爵、旧鳥取藩主池田家を継いだ仲博《なかひろ》は侯爵だったが、誠が受爵したことで慶喜の息子は全員爵位を持つことになった。慶喜への殊遇はここに極まる。

感激した慶喜は風邪を押して参内し、叙爵の御礼を述べる。その足で各宮家などに御礼まわりをしたが、それが仇となった。肺炎を引き起こし、死の床についたのである。

弔問の勅使も派遣された慶喜の葬儀は、三十日に執《と》り行われた。葬儀委員に名を連ねた栄一は、総裁として取り仕切った。斎場は徳川家の菩提寺寛永寺境内裏手の空地に置かれ、葬儀後、慶喜は谷中墓地（現・谷中霊園）に葬られた。

葬儀当日、東京市は市役所や市電に弔旗を掲げた。市民には歌舞音曲を遠慮するよう促している。二十五日に臨時東京市会が開かれ、慶喜への哀悼文が決議されたが、東京市長阪谷芳郎は栄一の娘婿だった。栄一の配慮が働いたと想像できる。

生前には間に合わなかったが、それから四年後の大正六年（一九一七）に、『徳川慶喜公伝』は完成する。本文のほか典拠史料などを収めた附録や索引編などを加えると、全八冊という大部なものだった。刊行されたのは翌七年のことである。慶喜と編纂員のやり取りが収められた『昔夢会筆記』は、すでに四年（一九一五）、二十五部のみ印刷され、編纂員に配付されていた。

刊行に先立ち、栄一は慶喜の墓前に献呈する奉告式を執り行った。

六年十一月二十二日、慶喜の墓前に設けられた式場に参列したのは、徳川家側からは慶久、家達夫妻、厚夫妻、勝精夫妻たち。編纂側からは、栄一のほか三上参次たち編纂員の面々。伏見宮博恭王妃となっていた慶喜の九女経子も特別に臨席している。

神官がお祓をおこない、神饌《しんせん》を捧げた後、墓前に進み出た慶久が奉告文を読み上げた。朝廷への恭順を貫くことを決意した慶喜の心の内が知られていないため、世間の誤解を招いてしまった。これを遺憾に思った栄一が、そのような慶喜の真意を伝えるため私財を投じて伝記編纂を企画し、二十余年の歳月を経て完成した——という趣旨の文である。

慶久が奉告文を朗読した後、完成した伝記を栄一が墓前に供えた。栄一も伝記編纂に至るまでの経緯を縷々《るる》と述べ、伝記の完成を泉下《せんか》の慶喜に報告した。その後参列者が玉串を捧げ、式は終わった。

七年三月十八日には、帝国ホテルに新聞・雑誌・通信社の社長や主筆などを招き、徳川慶喜公伝完成披露の宴を催した。時事新報社・東京朝日新聞社・中外商業新報社・報知新聞社・万朝報社・読売新聞社など当時のメディア界を牛耳る二十社以上の代表者たちが出席した。まさに実業界の大物である栄一の雷名が成せる業だった。

この後、各種メディアを通じて徳川慶喜公伝の刊行が大々的に報道される。それに伴い、伝記の編纂意図も広く知れ渡った。慶喜の名誉回復のためにメディアを活用しようと狙ったのである。
だが、栄一による慶喜の名誉回復運動はこれで終わりではなかった。
伝記完成の年、栄一は喜寿を迎えていた。

エピローグ　歴史の語り部

繰り返しになるが、栄一が海舟に良い感情を持ち得なかったのは小僧扱いされたことがはじまりだった。そして、敬愛して止まない主君の慶喜を、海舟が静岡に押し込め続けて世に出そうとしなかったことが、そうした感情を増幅させた。そもそも海舟と慶喜はそりがあわず、互いの胸に一物抱いていたことも、栄一と海舟、この二人の関係を難しくする。

栄一、海舟、慶喜はいわば複雑な三角関係にあったが、長い目でみれば、栄一は海舟の遺志を継ぐ形で慶喜の名誉回復そして復権を実現したともいえる。海舟にとっては、慶喜というよりも徳川家の復権を目指していたと言った方が正確なのかもしれないが、同じく旧幕臣の栄一にしても徳川家の復権を目指すことに異論はなかった。ひいては、慶喜の復権にもつながるからである。

栄一と海舟にはもう一つの共通点があった。歴史の語り部となったことである。

海舟は筆まめな人物だった。軍艦奉行並に就任した文久二年閏八月から死の直前の明治三十一年十二月まで、四十年近くも日記を書き続けている。幕府や明治政府にも数多くの建言書を提出している。

政府や徳川家の監視役を自認する海舟は御意見番のような立ち位置を取った。現在に喩《たと》えると、評論家あるいはコメンテーターとしての顔も持っていた。晩年に入ると、新聞記者や雑誌記者の取材に応じて世相を斬ったが、その言葉が新聞・雑誌記事として掲載されることで、今に受け継がれる海舟像が作り上げられていく。

それも江戸っ子が話すような洒脱な語り口であったことから、読み手は親近感を持つ。洒脱な江戸っ子・海舟のイメージそのものであった。なかでも好評を博したのが自叙伝『氷川清話』であり、幕末・明治維新史としても読みごたえがある内容となっていた。

『氷川清話』には「歴史はむつかしい」という表題の談話が収められているが、これなどは旧幕臣として明治の世を生き抜くことで得た信条だった。

実に困つた次第ではないか。見なさい、幕府が倒れてから僅かに三十年しか経たないのに、この幕末の歴史をすら完全に伝へるものが一人もないではないか。それは当時の有様を目撃した故老《ころう》もまだ生きて居るだらう。しかしながら、さういふ先生は、たいてい当時にあつてゞさへ、局面の内外表裏が理解なかつた連中だ。それがどうして三十年の後からその頃の事情を書き伝へることが出来ようか。況《いわ》んやこれが今から十年も二十年も経て、その故老までが死んでしまつた日には、どんな誤りを後世に伝へるかも知れない。歴史といふものは、実にむつかしいものさ。(『氷川清話』)

幕府が倒れてから未だ三十年しか経過していないにもかかわらず、明治の世に幕末の歴史が正しく伝えられていないことを憂いている。徳川家を陥れるため事実を歪曲してまで幕府の施政を批判する書物がとかく出回っていたことに、福地源一郎は義憤を隠せなかったわけだが、それと同じ危機感である。

そんな危機感から幕末の歴史を新聞や雑誌記者に語る一方で、海舟は散逸した幕府公文書の収集・編纂にも力を入れる。明治二十三年には、幕臣たちの協力を得て財政史料集『吹塵録《すいじんろく》』を刊行したが、これにしても幕府の歴史が捻じ曲げられることへの危機感が背景にあった。

歴史の語り部としての顔という点では、栄一も同じである。『徳川慶喜公伝』を刊行した大正七年（一九一八）には栄一は既に喜寿を越えていた。二年前の五年に実業界から引退しており、余生を社会活動に捧げたことは、よく知られているだろう。

しかし、『徳川慶喜公伝』刊行に象徴されるように、歴史を残すことにも精力的に取り組む。先立たれた伊藤博文や井上馨の伝記編纂会顧問にも名を連ねているが、自分の足跡を残すことにもたいへん熱心だった。

明治二十年から、栄一は自邸に寄寓する書生たちの前で下野するまでの足跡を語りはじめていた。その筆記録をまとめたものが『雨夜譚』である。三十三年には、還暦を記念して『青淵先生六十年史』が竜門社から刊行された。竜門社とは栄一の書生たちがはじめた勉強会が起源で、機関誌として『竜門雑誌』を発行した。自叙伝としては、昭和二年に『青淵回顧録』も刊行されている。

自宅からラジオ放送をする渋沢栄一。隣はかね子夫人（1931年）＝©朝日新聞社

こうした自叙伝でも、朝廷への恭順を貫いたのは国を乱すことなく政権交代をスムーズに進行させるためであり、慶喜こそ明治維新の最大の功労者なのであるという主張を繰り返し披瀝した。

各種講演会の場でも同じような主張を繰り返し、その講演録が『竜門雑誌』などに掲載されている。昭和六年（一九三一）に九十一歳で死去するまで、栄一による慶喜の名誉回復運動は続いた。

渋沢栄一と勝海舟――。暗闘を続けた二人は、維新後の徳川家を支えた傑物であった。栄一の墓は谷中霊園の渋沢家墓所内にある。生涯の主君として敬愛した慶喜と同じ霊園に今も眠っている。

本書執筆にあたっては朝日新書編集長の宇都宮健太朗氏、編集部の福場昭弘氏のお世話になりました。末尾ながら、深く感謝いたします。

安藤優一郎

二〇二〇年七月

渋沢栄一関係年表

和暦（西暦）	満年齢	事項
文政6年（1823）		1/30、海舟、旗本勝小吉の長男として本所亀沢町に生まれる
天保8年（1837）		9/29、慶喜、水戸藩主徳川斉昭の七男として生まれる
天保11年（1840）	0歳	2/13、武蔵国榛沢郡血洗島村の豪農渋沢市郎右衛門の長男として生まれる
弘化4年（1847）	7歳	9/1、慶喜、一橋徳川家を継ぐ
嘉永6年（1853）	13歳	6/3、ペリー来航
安政元年（1854）	14歳	3/3、日米和親条約締結
安政2年（1855）	15歳	7/29、海舟、長崎海軍伝習所入門を命じられる
安政5年（1858）	18歳	6/19、日米修好通商条約締結。12月、下手計村の尾高惇忠の妹千代と結婚
安政6年（1859）	19歳	8/27、慶喜、隠居を命じられる
万延元年（1860）	20歳	1/19、海舟、咸臨丸で渡米 3/3、江戸城桜田門外で大老井伊直弼が殺害される
文久元年（1861）	21歳	春、江戸に出府。儒学者海保漁村の塾に入る。千葉道場で剣術を学ぶ
文久2年（1862）	22歳	1/15、江戸城坂下門外で老中安藤信正が襲撃される。7/6、慶喜、将軍後見職就任。閏8/17、海舟、軍艦奉行並就任
文久3年（1863）	23歳	春、江戸に再出府し、横浜居留地焼き討ちを準備する。5/10、長州藩が下関で外国船砲撃。7/2、薩英戦争。8/13、大和で天誅組の変。8/18、京都で政変が起き長州藩が京都を追放される。10/10、但馬で生野の変。10/29、横浜焼き討ちを中

		止。11／8、渋沢喜作とともに血洗島村を出立。11／14、一橋家用人平岡円四郎家来の名義で江戸を出立（11／25京都着）
元治元年（1864）	24歳	職。2／9、喜作（成一郎に改名）とともに一橋家に仕官。3／25、慶喜、将軍後見職辞職。朝廷から禁裏御守衛総督と摂海防禦指揮に任命される。5／14、海舟、軍艦奉行就任。6／5、池田屋事件。6月下旬より、有為の士を取り立てるため関東の一橋家領を巡回する。7／19、禁門の変。8／5、四カ国連合艦隊、下関砲撃。9／11、海舟、西郷隆盛と対面。11／10、海舟、軍艦奉行免職
慶応元年（1865）	25歳	2月末、歩兵取立御用掛となる。8／19、勘定組頭となる
慶応2年（1866）	26歳	5／28、海舟、軍艦奉行再任。6／7、征長軍、長州藩と開戦。7／20、将軍家茂死去。9／2、海舟、安芸宮島で長州藩との停戦交渉に臨む。9／7、幕臣に取り立てられ陸軍奉行支配調役となる。12／5、慶喜、将軍職就任
慶応3年（1867）	27歳	1／11、清水徳川家当主昭武に随行して横浜からパリに向かう（3／7にパリ到着）。8／6、昭武一行、ヨーロッパ諸国歴訪（11／22、パリに戻る）。10／14、慶喜、大政奉還。薩摩・長州藩に討幕の密勅が降下。12／9、王政復古の大号令
慶応4年（1868）	28歳	1／3、鳥羽・伏見の戦い。1／7、慶喜追討令。1／12、慶喜、江戸城に帰城。1／17、海舟、海軍奉行並就任。1／23、海舟、陸軍総裁就任。2／12、慶喜が寛永寺に入る。2／15、東征軍、京都進発。2／23、彰義隊誕生。2／25、海舟、軍事取扱となる。3／14、海舟と西郷の会談により、翌日の江戸城総攻撃中止。4／3、彰義隊、寛永寺移転。4／11、江戸城開城。慶喜が水戸に向かう。5／15、彰義隊の戦い。5／23、彰義隊から分派した振武軍が飯能で壊滅。5／24、徳川家が静岡70万石に封ぜられる。7／23、慶喜、静岡城下の宝台院に入る。10／13、明治天皇が東京に入る。11／3、帰国。12／23、宝台院で慶喜に拝謁。12／27、静岡藩勘定組頭格御勝手掛中老手附となる

明治2年（1869）	29歳	5／18、箱館五稜郭の戦いが終わる。10／18、政府から出仕を命じられる。11／5、民部省租税正に任命される
明治3年（1870）	30歳	8／24、大蔵少丞に進む
明治4年（1871）	31歳	8／13、大蔵権大丞に進む
明治5年（1872）	32歳	5／10、海舟、海軍大輔就任
明治6年（1873）	33歳	5／14、大蔵省を退官。6月、第一国立銀行総監役となる。10／24、征韓論政変。10／25、海舟、参議兼海軍卿就任
明治7年（1874）	34歳	8／29、海舟、参議兼海軍卿の辞表を提出
明治17年（1884）	44歳	7／7、華族令により、徳川家達、公爵受爵
明治20年（1887）	47歳	5／9、海舟、伯爵受爵。10／31、明治天皇、徳川家達邸行幸
明治21年（1888）	48歳	4／3、海舟、枢密顧問官就任
明治30年（1897）	57歳	11／16、慶喜、東京転居
明治31年（1898）	58歳	3／3、慶喜、皇居に参内して天皇・皇后に拝謁
明治32年（1899）	59歳	1／19、海舟死去
明治33年（1900）	60歳	5月、男爵受爵
大正2年（1913）	73歳	11／22、慶喜死去
大正6年（1917）	77歳	11／22、『徳川慶喜公伝』完成奉告式
大正9年（1920）	80歳	9月、子爵受爵
昭和6年（1931）	91歳	11／11、死去

参考文献

渋沢記念財団編『渋沢栄一伝記資料』渋沢栄一伝記資料刊行会（デジタル版）
須見裕『徳川昭武』中公新書、一九八四年
土屋喬雄『渋沢栄一』吉川弘文館、一九八九年
家近良樹『その後の慶喜』講談社選書メチエ、二〇〇五年
樋口雄彦『旧幕臣の明治維新』吉川弘文館、二〇〇五年
松浦玲『勝海舟』筑摩書房、二〇一〇年
安藤優一郎『徳川慶喜と渋沢栄一』日本経済新聞出版社、二〇一二年

安藤優一郎 あんどう・ゆういちろう
1965年、千葉県生まれ。歴史家。文学博士（早稲田大学）。早稲田大学教育学部卒業。同大学院文学研究科博士後期課程満期退学。主に江戸をテーマとして執筆・講演活動を展開。「JR東日本・大人の休日倶楽部」などの講師を務める。『明治維新 隠された真実』『大名庭園を楽しむ』『大奥の女たちの明治維新』『大江戸の飯と酒と女』『お殿様の人事異動』など著書多数。

朝日新書
777
渋沢栄一《しぶさわえいいち》と勝海舟《かつかいしゅう》
幕末・明治がわかる！ 慶喜をめぐる二人の暗闘

2020年8月30日第1刷発行

著　者　安藤優一郎

発行者　三宮博信
カバーデザイン　アンスガー・フォルマー　田嶋佳子
印刷所　凸版印刷株式会社
発行所　朝日新聞出版
〒104-8011 東京都中央区築地5-3-2
電話 03-5541-8832（編集）
03-5540-7793（販売）

Published in Japan by Asahi Shimbun Publications Inc.
ISBN 978-4-02-295084-0
定価はカバーに表示してあります。
落丁・乱丁の場合は弊社業務部（電話03-5540-7800）へご連絡ください。
送料弊社負担にてお取り替えいたします。

朝日新書

人生に必要な知恵はすべてホンから学んだ
草刈正雄

「好きな本は何？」と聞かれたら、「台本（ホン）です」と答える僕。この歳になって、気づきました。ホンとは、生きる知恵と人生の意味を教えてくれる言葉の宝庫だと。『真田丸』『なつぞら』をはじめ代表作の名台詞と共に半生を語る本音の独白。

渋沢栄一と勝海舟
幕末・明治がわかる！　慶喜をめぐる二人の暗闘
安藤優一郎

「勝さんに小僧っ子扱いされた―」。朝敵となった徳川慶喜に生涯忠誠を尽くした渋沢栄一と、慶喜に30年間も「謹慎」を強いた勝海舟。共に幕臣だった二人の対立を描き、知られざる維新・明治史を解明する。西郷、大隈など、著名人も多数登場。

教養としての投資入門
ミアン・サミ

本書は、投資をすることに躊躇していた人が抱えている不安を一気に吹きとばすほどの衝撃を与えるだろう。「自動投資」「楽しむ投資」「教養投資」の観点から、資産10億円を構築した筆者が、学術的な知見やデータに基づき、あなたに合った投資法を伝授。

新型コロナ制圧への道
大岩ゆり

爆発的感染拡大に全世界が戦慄し、大混乱が続く。人類はこの「戦争」に勝てるのか？　第2波、第3波は？　元朝日新聞記者が科学・医療の最前線を徹底取材。終息へのシナリオと課題を明らかにする。

危機の正体
コロナ時代を生き抜く技法
佐藤　優

「新しい日常」では幸せになれない。ニューノーマルは人間に何をもたらすのかを歴史的・思想的に分析。密集と接触を極力減らす〈反人間的〉時代をどう生き抜くか。国家機能強化に飲み込まれないためのサバイバル術を伝授する。

コロナ後の世界を語る
現代の知性たちの視線
養老孟司　ほか

22人の論客が示すアフターコロナへの針路！　新型コロナウイルスは多くの命と日常を奪った。第2波の懸念も高まり、感染への恐怖が消えない中、私たちは大きく変容する世界とどう向き合えばよいのか。現代の知性の知見を提示する。